児童養護施設 施設長 殺害事件

児童福祉制度の狭間に落ちた
「子ども」たちの悲鳴

大藪謙介　NHK報道番組ディレクター
間野まりえ　NHK社会部記者

JN032394

743
中公新書ラクレ

まえがき

「児童養護施設で殺人未遂事件か――」

はじまりは、警察の一報だった。

それは2019年2月25日、季節外れの暖かな昼下がりのことだった。

現場となった施設は、私の職場に近い、渋谷区の閑静な住宅街の一角にあった。

被害に遭ったのは、20年以上にわたって職員として勤め上げ、この4年前から施設長だった大森信也さん（当時46歳）。

首や胸など十数か所を刺され、搬送先の病院でまもなく息をひきとった。

凄惨な犯行に加え、衝撃的だったのは、逮捕されたのが、かつて施設で育った20代の男だったことだ。男は、施設を出たあと職を転々とし、事件の直前はネットカフェで寝泊まりしていたという。そして逮捕後、「恨みがあった。施設関係者なら誰でもよかった」と供述。しかし心神喪失を理由に不起訴となり、真相は明らかにならないまま、世間では、他の凶悪事件に埋もれ、"忘れられた事件"となっていった。

身寄りがなかったり、虐待を受けたりした子どもが暮らす児童養護施設。

そこで「育ての親」とも言える大森さんがなぜ犠牲になったのか。取材を進めると意外な事実が明らかになった。大森さんは、犯行に及んだ男が施設で暮らしていたときだけでなく、退所後も4年にわたって連絡をとり続け、就職の斡旋や住まいの確保など手を尽くして支援を行っていたのだ。

こうした支援は、ほかの施設で暮らしていた子どもたちにも向けられ、大森さんは施設の枠を超えて退所後の自立支援、いわゆるアフターケアに誰よりも熱心に取り組んでいた。

多くの関係者が「恨みを買うどころか、男のことをわが子同然に支え続けていた」と口を揃える。

ではなぜ……？　という疑問が取材すればするほど募っていった。その一方で大森さんを突き動かしていたのは何か、追い求めていた理想とは何だったのかについても、もっと知りたいと思うようになった。

そして、この事件の深層には、さまざまな事情で家族と暮らすことができない子どもたちを社会的に保護・養育する、いわゆる社会的養護の世界が抱える根深い課題があるのではないかとの思いも強くなっていった。

事件の周辺を取材していく中で、事件から半年が過ぎたころ、私と同じ問題意識を持っている職員がいるという話を同僚から耳にした。厚生労働省の記者クラブに所属し、子育てや労働・雇用といったテーマを担当する間野まりえ記者だった。すぐに連絡をとってみると、事件発生当時は警視庁記者クラブで、偶然にも事件現場を管轄する警察署を担当していたという。「ディレクターと記者で連携しながら取材を進めていかないか」と提案したところ間野記者は、「子どもたちのアフターケアに熱心だった大森さんがなぜ事件に巻き込まれなければならなかったのか、ずっと気になっていた」と快諾してくれた。

その後、私たちの取材は1年以上にわたり、児童養護施設の職員、入所者、元入所者、自立支援に携わる方、事件の関係者、国や自治体の行政担当者、大森さんのご遺族や大森さんと関わりのあった方など、証言を伺った方たちはのべ50人に及んだ。

「おれにとって信也兄さんは本当の父親以上に父親のような存在でした」

私たちの取材にこう語ってくれたのは東京都内で暮らす30代の男性。小学生のころに入所した児童養護施設で大森さんに出会った。施設に入ったのは、幼いころに両親が離婚、一緒に暮らしていた父親から受けた虐待が理由だった。

施設での暮らしは、それまでの過酷な日常を劇的に変えた。男性の言葉を借りると、大森さんは文字通り彼にとって「親代わり」となった。ともに入所している子どもたちと、一つの家族さながらの雰囲気の中での暮らしが始まった。

入所してからしばらくの間は激しい暴力行為に明け暮れるなど、心を閉ざしがちだった男性も、幾重にもわたる大森さんによる親身な働きかけによって、次第におだやかな毎日を取り戻していった。気がつけば、施設は男性が安らぎを得られるかけがえのないよすがとなっていた。

中学を卒業後、高校進学が叶わなかった男性。建設関係の住み込みの仕事に就職したのを機に施設を退所する。弱冠15歳にして社会での自立を迫られることになったのである。

するど、毎日の暮らしは再び一変したと男性は振り返る。

「たった一人で飯を食う。施設ではみんなで御飯を食べてたんですよ。それがいきなりぽつんってちっちゃな部屋で一人で御飯を食べるときの何とも言えないむなしさ、寂しさ。孤独はだんだん苦しくなってきますよね」

施設からの退所を迫られる中で突如直面した自立の厳しい現実。男性の窮地を救ってくれたのは他ならぬ大森さんだった。

大森さんは施設の子どもたちの対応に追われながらも、男性を常に気遣ってくれた。頻繁に電話をかけてきたり、勤務時間が終わると個人的に会いに出てきては食事をごちそうしてくれることも少なくなかった。

そのたびに、「仕事はどうだ?」「うまくいってるのか?」「何か困ってることはないか?」などとしつこいくらいに男性の自立を気にかけ、寸分たりとも支援を惜しむことはなかった。大森さんの存在は、男性にとって社会の荒波を一人で生き抜く上で、その後の人生の支柱となっていったという。

施設の中、そして、施設を出たあと。長年におよぶ大森さんの支えを受けて、今ではこの男性自身も良き父親となり、温かな家庭を築いている。

しかし、こうした事例がある一方で、児童養護施設を退所した後に何らかのきっかけで施設とのつながりが断たれ、生活が立ち行かなくなるまで追い詰められていくケースが多いのも紛れもない現実だ。気兼ねなく悩みを打ち明けたり、助けを求めたりできる拠りどころを失った元入所者たちは、施設からの自立後ほどなくして袋小路に入り込んでしまう。

今回の取材でも、経済的な苦境から多重債務に陥ったり、犯罪に手を染めたり巻き込まれたりする事例。また精神面の不調をきたすなどしてみずからの命を絶つような事例をはじめ、深刻な実態を数多く目にした。

多くの証言から見えてきたのは、原則18歳までという国の児童福祉制度の構造的な問題。さらに、人と関わり、助け合わなければ生きていけないこの社会の中で、「助けて」と言えないほどの孤独や絶望の中にある施設元入所者たちの姿だった。それは同時に、子どもたちが退所を迫られる「18歳」という年齢がいかに人間として未熟であるかを思い知らされることでもあった。

私たちはそうした取材の成果をまとめ、２０２０年4月、ドキュメンタリー番組「事件の涙『未来を見せたかった〜児童養護施設長殺害事件〜』」（NHK総合）を放送した。
番組には、施設の子どもを〝わが子〟と呼び、彼らの人生を尊重し続けた施設長の実直な思いの強さに多くの共感が寄せられた。同時に、退所者の社会での自立の難しさや、国の法制度の狭間で苦闘を続ける施設職員の姿勢に対する反響も少なくなかった。本書は、番組での取材をベースにテレビドキュメンタリーという時間が限られる中では十分に描ききれなかった事実を加筆するとともに、事件のその後や、私たち取材者の新たな気づきをもとに追加取材を行い、1冊の書籍にまとめたものである。

本書は6章で構成される。

第1章では「元入所者による犯行」という事実に焦点を当てる。被害にあった大森施設長はどのような思いで児童福祉に向き合っていたのか。一方、犯行に及んだ元入所者の男はどのような境遇にあったのかを描く。

第2章では事件を考える上で重要となる児童養護施設の基本的な位置づけや施設の機能を概観するとともに、児童虐待件数の増加傾向が続く中で役割の重要性が増している現状を伝える。

第3章では事件の深層にある構造的な課題を検証。元入所者の男が犯行に至るまでの経緯、そして施設長が男とどう関わり続けたのか、退所後自立支援の軌跡を明らかにしていく。

第4章では施設の退所者が社会での自立をめぐって直面する厳しい現実に焦点を当てる。新型コロナウイルス感染拡大の影響が長期化する中で、社会にさまざまな歪みが生まれている。そのしわ寄せが退所者たちに及び、さらなる苦境に追い詰められている実態をルポする。

第5章では退所者の社会での自立を支える具体的な支援策を伝える。国の制度、ある施設での独自の模索、そして自立支援をサポートするいくつかの団体の取り組みを報告する。

第6章では社会的養護全体をめぐる最新の趨勢をふまえ、積み残された課題に着目する。長年、施設中心だった社会的養護を「家庭的養育」に転換しようとする国の方針、そのもとで推進されている里親委託の現状、また施設の人材面の課題などを描き、解決にむけた手立てを考察する。

一つ一つのエピソードはあえて具体的に書き記した。少しでも多くの読者に元入所者が直面する深刻な実態を知ってもらいたいという思いからである。

妻と2人の子を遺して逝った大森さん。

子どもが大好きで、施設の子を〝我が子〟と呼び、昼夜を分かたず厳しくも優しく育て上げた23年の施設職員人生だった。「施設の子の人生を自分ごととして考えてもらいたい。もっと議論をしてほしい」。晩年の大森さんはそう繰り返していた。

本書で社会的養護の現状や構造的な課題を伝えることが大森さんの死に少しでも報いることにつながるよう切に願う。そして児童養護施設や、施設で暮らす子どもたち、さらには施設を巣立ち社会で懸命に歩みを続ける退所者の方々への理解と、社会的養護を取り巻く現下の課題に対する各界各層の幅広い議論を深める一助となれば望外の喜びである。

大藪謙介

目次

第2章　児童養護施設の実像

第3章
〝アフターケア〟の先に待ち受けていた事件

深層には何があったのか

「生きている意味がない」。自殺未遂へ
誰にも頼れず、振り込め詐欺グループへ
たらいまわしの挙句、刑務所へ
誰にも相談できず……　カードローンで多重債務
社会保障が性産業に敗北する
「原則18歳で退所」は現実的な制度なのか
厚生労働省の「自立」後の実態調査によれば
長引くコロナ禍　経済危機で退所者はさらなる苦境に
「ステイホーム」で浮き彫りになる孤独

第5章 施設の子どもたちの社会的自立をどう支えるのか

社会的養護自立支援事業

図表作成・本文ＤＴＰ／市川真樹子

児童養護施設　施設長　殺害事件

児童福祉制度の狭間に落ちた「子ども」たちの悲鳴

第1章
施設長殺害事件の衝撃
刺したのは元入所者だった……

２０１９年2月25日　事件当日　元入所者が起こした事件

「児童養護施設で殺人未遂。被害者は40代の施設長の男性か」

事件の一報が入ったのは２０１９年２月25日の午後３時前だった。当時、殺人や強盗などの凶悪犯罪を扱う警視庁捜査一課を担当する、通称「一課担」だった私はすぐに都内の現場に向かった。飛び乗ったタクシーの中で管轄の警察署に何度も電話をかけたが、広報担当である副署長は離席したままで捕まらない。ニュースで一刻も早く「一報」を出さなければならなかったが、なかなか情報が得られない。とにかく現場に行くしかなかった。

その児童養護施設はにぎやかな商店街にほどちかい住宅街の中にあった。施設の前にはすでに規制線がはられ、多くの警察官が慌ただしく出入りしていた。「犯人はすでに確保されているらしい」。本部で取材している記者から情報が入った。現場で近所の人や関係者に聞き込みをする「地取り」は別の記者に任せ、私は犯人が留置されているとみられる警察署に向かった。

白昼、子どもたちも多く暮らしているはずの児童養護施設での事件には衝撃が広がり、夕方の全国ニュースでは現場からの中継も構えることとなった。被害者の容態はどうなのか、犯人はいったい誰なのか、そして何を供述しているのか、一つでも多く情報を得なければならない。同じく駆けつけていた他社の記者とともに、広報の準備のために署内を行き来していた副署長を捕まえては問い詰める。

「犯人は元入所者の可能性があり、確認している」

どうやら通り魔のような犯行ではないらしい。

「『施設に対して恨みがあった』『施設の関係者なら誰でもよかった』と供述している」

施設の関係者を狙った無差別的犯行なのか？　元入所者と施設との間にトラブルがあったのだろうか？　断片的に情報は得られてきたが事件の全体像はまだ見えない。

そして、午後4時ごろ、被害者の施設長の大森信也さん（当時46歳）が亡くなってしまったことが確認された。

事件が起きたのは午後1時50分ごろのことだった。当時、施設の中には多くの子どもたちもいた。他の職員たちは、悲鳴で施設長の部屋に駆けつけたが、そこで目にしたのは倒れ込む大森さんと、その傍らに立つ男だった。男性職員たちが、男が部屋から出られないように椅子で出入り口を塞ぎながら、女性職員が「男が暴れている」と110番通報。午後2時ごろ、駆けつけた警察官が男の身柄を確保した。凶器に使われたのは100均ショップで購入されたとみられる包丁で、大森さんの胸から柄のとれた状態で見つかった。それほど執拗に刺していた。

逮捕されたのは4年前までこの施設に入所していた当時22歳のAだった。Aは18歳で施設を出て就職したが、わずか数か月で辞めていた。事件の前年(2018年)には、住んでいたアパートで家賃の滞納に加えて壁を壊すトラブルを起こし、施設の職員が相談にのっていた。事件の直前はネットカフェを転々としていて、事件当時、所持金は数百円しか残っていなかった。Aは取り調べには淡々と応じていたが、「施設の職員にストーカーされていたから恨みがあった」などと、つじつまのあわない説明もしていて、捜査員が納得できるような動機は話さなかったという。

事件の2日後。Aの身柄が送検されるという情報を得て、私は早朝から警察署の前に張り込んだ。当時、Aについての取材は難航していた。数か月ほど勤めた会社を割り出して取材を試みたが、話は聞かせてくれなかった。ほかにAを知る関係者になかなかたどり着くことができず、いったいどのような人物なのかはわからないままだった。だからこそ、送検のタイミングはなんとしても立ち会い、Aの姿を確かめたかった。

警察署の周囲の路地はかなり狭く、バスほどの大きさのある護送車が入ることができないため、容疑者を護送する際には、警察署の正面から出て大通り沿いにとめた護送車まで歩かせることが通例となっていた。そして、午前7時半すぎ。待ち構えた報道陣の前に他の事件の容疑者とともに集団護送の先頭を歩いてきたのがAだった。上下グレーのスウェットで、誘導のために隣を歩いていた警察官と比べるとかなり小柄で細身。無造作に伸びた前髪が目にかかっていて、伏し目がちに歩いて行く。どちらかというと気の弱そうな、どこにでもいる青年のように見えた。凄惨な事件を起こした人物という実感はわかなかった。

逮捕から3週間後、東京地検は刑事責任能力を調べるための「鑑定留置」を裁判所に請求し、専門家による精神鑑定が始まった。当時、捜査関係者の間では、「一応、鑑定留置はするけれど、普通に会話ができる状態で取り調べには応じているし、刑事責任能力に問題はないのではないか」という見方もあった。しかし、2か月の鑑定留置の結果、2019年5月17日、「心神喪失中に犯した蓋然性が高い」との理由で、東京地検はAを不起訴とした。

「心神喪失」は、精神の障害のために善悪の区別がつかず、全く責任が問えないことを示す。Aの病状は、表向きにはわかりにくかったのかもしれないが、かなり深刻であると判断されたということだ。不起訴となったことで、A本人の口から事件の経緯が語られる機会は失われてしまった。

（※事件や事故は実名報道が原則だが、不起訴となったことを踏まえて、逮捕された元入所者について文中ではAと表現している。）

施設長は「正義感が強く、子どもたちから慕われていた」

「恨みがあった」というAの供述から、当初、取材していた記者やデスクの間では、施設の側が退所後のAを十分にサポートできず、困窮していく中での逆恨みの末の犯行かという見方があった。しかし、大森さんを知る人に取材をすすめるうちに、そうではない、ということに気づかされた。そして、「なぜ、大森さんが？」という疑問が、取材をすればするほど大きなものとなっていった。

「大森君はとてもまっすぐで正直で正義感が強く、子どもたちから慕われていました」

事件直後、混乱の中でも大森さんのためにと取材に応じてくれた、社会福祉法人二葉保育園の常務理事、武藤素明さんのことばだ。武藤さんは各地の施設関係者の有志が集まって活動している全国児童養護問題研究会の会長だ。大森さんもその研究会の一員として尽力していて、深い交流があった。大森さんは施設の中でも信頼されていて、数年前に施設長に抜擢されていたが、自分の施設のことだけでなく、ほかの施設とも積極的に交流する中で、広い視野ももっていたという。武藤さんは続ける。

「施設の中だけでなく、子どもたちに関する福祉がいい方向に向かうよう、熱心に取り組んでいました。その大森君が事件で亡くなったということを、まだ受け止められません」

さらに、大森さんは、子どもたちが施設を退所して大学に進んだり、就職したりしたあとも、地域とのつながりを持てるよう、バザーや音楽会を企画していたのだという。施設で暮らしていた当時17歳の男性も、「大森さんはおだやかで優しい人でした。トラブルがあったという話は聞いたことがありません」と話し、衝撃の大きさを受け止めきれずにいた。

関係者への聞き込みから浮かんできたのは、児童福祉の分野で中心的な存在として活動し、子どもたちや地域からも親しまれていた大森さんの姿だった。なぜそんな大森さんが志半ばで命を奪われなければいけなかったのだろうか。事件そのものが不起訴となってしまったことで、裁判という公の場でその背景が明らかにされる機会はなくなってしまった。しかし、事件を「精神疾患を患った青年が起こしたかわいそうな事件」として片付けることはできなかった。A本人の口から事件の動機は語られなくとも、事件の背景に何があったのかを探るため、手がかりを求めて大森さん、そしてAの足跡をたどることにした。

施設の子どもたちに寄り添い続けた大森さんの半生

大森さんの足跡をたどる中、SNSで気になる投稿を見つけた。大森さんの大学の同級生だという男性の投稿で、大きな反響が寄せられていた。投稿された3枚の写真。大学時代の部活動に励む真剣な表情を切り取った写真や、集合写真で笑顔を浮かべる写真。それから、少し時を経て社会人になってからお酒を酌み交わし、穏やかな表情の写真。その写真とともに綴られたことばには、親友への思いがにじみ、強く胸を打った。

「亡くなったのは、大学時代の4年間をともに過ごし、文字通り苦楽をともにした応援団の同期で親友の大森信也君です。このような投稿は本意ではありませんし、控えるべきなのかもしれません。しかし、子どもの問題が大きく取り上げられている昨今、報道が過熱する前にせめて私の周囲の人たちには知っておいて頂きたい。大森信也は児童養護施設の仕事に大変誇りを持っていました。二十数年間この施設で働き、社会的養護下にある子どもたちのことを最初に教えてくれたのも彼でした。20代のころから当時の施設の在り方に疑問を唱え、子どもたちにとって理不尽だと思うことには激しい憤りを表明していたものです。反面、子どもたちの自慢話にはいつも長々と付き合わされました。まるでわが子を自慢するかのように語る彼を見ながら、何度も『お前、変わったな』と言ったものです。頑固で妥協をしない性格なので、応援団時代には先輩から煙たがられ、後輩からは怖れられていましたが、施設で働き出してからは生来の面倒見のよさから子どもたちには大層懐かれていたようです。今回、彼を刺した男は施設に恨みを持っていたと供述しているようですが、最後に頼ったのが、唯一彼を認めてくれ、甘えさせてくれたこの施設だったのでしょう。空手の有段者でもあり、現在でもウルトラマラソンのランナーとして鍛錬している信也なら、あるいは制圧できたかもしれませんが、凶器を持った相手になすすべがなかったのか、もしくは暴力を振るうことをよしとしなかったのか、今となってはわかりません。犯人に対しては哀れに思えて憎しみの感情はまだ持てずにいますが、誰でもよかった、という供述に対しては、君が憎しみの衝動に突き動かされて刃物を突き立てた相手は、俺にとって替えることができない無二の男だったんだと教えてあげたいです。そしてどうかこの投稿をご覧になったみなさんは、児童養護施設や、そこに入所している子どもたちに対して憶測や偏見で見ないであげてください。子どもの権利に、社会正義に命を懸けた親友に代わってお願い致します」

投稿したのは大森さんの大学の同級生の一人、日永純治さんだった。SNSを通じて連絡をとると、今は宮崎県に住んでいるが、大学OBの集まりでちょうど東京に来る機会があるという。大学近くの喫茶店で待ち合わせをして、話を聞かせてもらうことにした。

日永さんが大森さんと出会ったのは、入学直後の新歓シーズンのことだった。日永さんは熊本、大森さんは山梨とお互いに地方出身。はじめての都会の雰囲気にのまれながら、右も左もわからずただ構内を歩いていたところを、応援団の先輩に「捕まった」のだという。大学当時の印象をたずねると、私たちが大森さんに抱いていた「子どものために尽力した」というイメージとは違った一面を教えてくれた。

「高校時代に1年間、アメリカに留学していたみたいで、最初は『こいつ、アメリカかぶれしているな』と。テンションも低くてあいさつもしないので、第一印象はあまりよくなかったですね。つきあっていくうちに、いいかげんで不真面目、ひょうきんで人を笑わせることが大好きとか、いろんな面が見えてきました」

生活が苦しかった大学時代と「理不尽」への抵抗

日永さんは大森さんと一緒に、大学近くの居酒屋でアルバイトをしていた。応援団のメンバーが代々アルバイトとして働く居酒屋だった。２人とも上京組で、お互いに仕送りに頼ることなく生活をしていたため、ほぼ毎日夜はシフトに入って生活費を稼いでいたという。シフトに入る前後で食べられる、居酒屋のまかないが空腹を満たしてくれるありがたい存在だった。お金がないときは、朝も昼も食べずにおなかがすいても我慢して、まかないだけでなんとか食いつなぐということも多かった。ほかのみんなが嫌がる「宴会の後片付け」も、２人は率先して手をあげた。誰も手をつけていない食べ物をこっそり食べるのが２人の楽しみだったのだ。

朝も昼も食べずに厳しい応援団の練習に参加するのは体力的にもしんどくて、ふらふらになってしまうときもあった。そういうときに、大森さんが披露して、場を和ませてくれたのが、幼いころの「貧困エピソード」だった。

「東京の私立の大学に通えているので、家自体が困窮していたというわけではないと思うんですが、それはそのときの話であって、小さいころはずいぶん困ってたという話はよくしていましたね。小学生のころほしいものを買ってもらうことができずに万引きをしようとして、父親に激怒されたこともあるとか。ご飯を我慢するときには、そのころの経験というか、小さいころの経験が生きているんだと」

大森さんには弟がいて、日永さんも大学時代から面識がある。大森さんはその弟と一緒に近所のお祭りに行ったときには、「型抜き」に没頭していた。「型抜き」は板状の砂糖菓子に描かれた絵を、爪楊枝や画鋲などをつかって割れないようにくりぬく遊びで、成功するとわずかなお金をもらうことができるものだ。その「型抜き」を何百円とかのために延々やり続けてお小遣いを手に入れていたこともあったのだという。

上下関係が厳しい応援団の中で、大森さんは理不尽なことに対しては先輩に刃向かうこともあり、まわりが慌ててフォローに追われることも少なくなかった。

当時応援団では、野球部が負けるとその責任をとって1年生から3年生が厳しい練習をさせられる「バツ練」という伝統があった。「バツ練」の最中、当時2年生だった大森さんは、見回りをしている3年生が1年生に対して理不尽な要求をしているのを見過ごすことができず、殴りかかろうとしたことがあった。すぐにまわりにいた3年生や2年生が止めに入ってことなきを得たが、先輩に刃向かうことはご法度の文化の中で、驚くべき行動だった。

一度決めたことを貫き通す、頑固なところもあった。

「リーダー部長になりたい」

リーダー部長は4年生から選ばれる練習の責任者で、ハードな仕事だったが、1年生のころから大森さんはリーダー部長に憧れ、自ら志願していた。なりたいと決めてからは走り込みなどのトレーニングを誰よりも一生懸命やり、その努力が認められてリーダー部長を任されることになった。「努力しない人は嫌い」と公言し、後輩の指導も人一倍厳しかった。

誰も想像しなかった児童養護施設への就職

4年生になって就職活動が本格化したころ、日永さんは初めて大森さんから児童養護施設に就職すると聞かされた。日永さんをはじめ同級生は皆一様に驚いた。応援団の部員は銀行や証券会社など、いわゆる「体育会系」を好む会社からオファーがあることが多く、多くが民間企業への就職を選んでいたからだ。

「なんなのそれ？　仕事なの？」

「どこからお金出てるの？　公務員なの？」

児童養護施設がどんなところなのかわからない同級生の質問攻めに、大森さんは「半官半民みたいな感じだけど、いいんだよ、そんなのは」とあまり詳しく語ろうとはしなかった。

それが変わったのは、卒業してからだった。

就職して2~3年がたったころ、野球部の同級生の結婚式で日永さんは大森さんと再会した。「今なにしてるの？」と水を向けると、児童養護施設での生活をぽつり、ぽつりと話してくれるようになった。

「こないだ子どもにうしろから跳び蹴りくらったよ」

施設の子どもたちの前で話す大森さん。多くの子どもたちから慕われる存在だった

日永さんは、大森さんのことだからどうせやりかえしているのだろうと思って尋ねると思わぬ答えが返ってきた。

「問題を解決するのに暴力を使うと、子どもが暴力を受け入れてしまう。それに、暴力で押さえつけられた子どもは回復するのに倍の年数がかかるんだ。だから暴力はだめなんだ、絶対」

当時、施設では、子どもたちを押さえ込むために、まだ施設内暴力（体罰）も振るわれていたというが、大森さんはそれをなくそうとしていた。しかし、暴れる子どもを暴力なしに押さえ込むことは難しく、苦労しているのだという。

「きょうはこれから小学校に行かないといけないんだ」

「なんで?」

「担当している子どもが学校で暴れたみたいで、校長室に呼び出されたんだ」

子どもが施設ではなく学校で暴れたときにも、子どもたちの「保護者」である大森さんが説明を求められた。「しょっちゅう呼び出されるんだ」と大森さんは笑いながら話していた。

子どもたちのことについては楽しそうに話す大森さんが、憤りをみせたのは、施設のやり方に納得できないときだった。

「施設の幹部と対立してて辞めさせられそうなんだ。子どものことを第一に考えなければいけないのに、どっち向いてるんだかわからない。施設には体質的な問題がある」

子どもたちが将来の夢を持っていても、原則18歳で施設を出なければならないという現実がある。そのため、進路指導のときに自立のために手に職をつけることができる高校をすすめることもあったのだという。それは結果的に子どもの可能性を狭めてしまうことにもつながる。飲みながら、施設に対する愚痴をはく大森さんの姿を日永さんはよく覚えている。

子どもたちに、「それはできないから我慢しろ」と将来の夢を諦めさせること、「こうやれ」「ああやれ」と進路を押しつけること、そういった一つひとつの問題に対して、大森さんは会うたびに「ふざけんな」と憤っていた。

「子どもたちを見捨てない」という信念

大森さんは施設で問題行動を起こした子どもたちが、施設にいられなくなり、追い出されてしまうことにも疑念を抱いていた。家庭で居場所を失って施設に入所したはずの子どもを、手に負えないからという理由で施設も見放してしまえば、子どもたちはさらに傷つけられることになる。親の虐待や病気などの問題が解決していなければ、なおさらだ。問題行動を起こす子どもは、学校も辞めさせられてしまうかもしれない。どこにも居場所がない子どもたちはその後どうなるのか。厳しい状況に置かれることが目に見えているにもかかわらず、子どもたちを家庭に戻してしまう、当時の施設の在り方に、大森さんは憤っていたのだ。

児童養護施設の中でかつては必要だと思われていた施設内暴力や、問題行動に走ってしまう子どもたちを施設からも排除してしまう風潮、金銭的な背景から子どもたちに進学を諦めさせて結果的に将来の選択肢を狭めてしまうこと……施設で暮らす子どもたちの現実を考えれば「仕方がない」と自分を納得させてしまいがちな当時の「常識」の一つひとつに大森さんは疑問を抱いていた。「子どものためにどうすればいいのか」。大森さんは、時には周囲と敵対しながらもそれを乗り越えるためみずからの理想との狭間でもがいていた。

子どものことを一番に考えていた大森さんを知っていただけに、事件を起こしたAについても、日永さんは複雑な気持ちを抱いていた。

「Aは20歳を過ぎているということで、施設を出てから何年かたっているということがわかったとき、何で今さらなんだろうと思って。それから、施設にいた期間も3年ぐらいしかなかったと。施設を出てから4年もたっていて、出てからの期間のほうが長かったりするんですよね。なのに、そうやって彼のところを頼っていったんだなと。刃を向けるという形でしか甘えを出せないということに対して、何かやっぱり悲しくなりましたよね。Aの犯した犯罪に対して許す気はもちろんないし、だけれども、A個人に対して、どうしても怒りの気持ちだとか恨みだとかを持てないんですよね」

「なぜ……」大森さんの家族の思い

事件から7か月あまりがたったころ、ある知らせがとどいた。大森さんの妻が、取材を続けていた私たちと会ってくれるという。事件直後と比べれば、生活が落ち着いたとは言え、気持ちの整理がつくことは決してないだろう。私たちの取材が大森さん家族の負担になりすぎないよう、代理人弁護士や、長年、犯罪被害者支援に携わってきた方にも同席してもらって、話を聞かせてもらうことにした。

弁護士事務所での初めての面会の日。私たちの取材趣旨を説明すると、大森さんの妻は、ことばを選びながらも、現在の状況や心境を少しずつ話してくれた。淡々とした口調ではあったが、さまざまな自分の感情を飲み込み、つとめて冷静に話しているようにも見えた。

不起訴となっていたAは、医療観察法に基づいて、治療を受けながら今後の処遇を決めるための医師による面接や検査を行う「鑑定入院」をしたあと、裁判官と精神科医による「審判」にかけられ、「入院」か「通院」か、それともいずれも必要ないか判断される、とみられていた。というのも、医療観察法では、遺族ですら、どの病院でどんな治療を受けてどんな病状なのか、そしてどうやって社会復帰していくのか、全くといっていいほど情報を開示してもらうことができないため、あくまでも一般論で現在の状況を推測するしかないからだ。

大森さんの妻は事件から5か月後の2019年7月、不起訴処分が妥当だったのかを問うため検察審査会に申し立てをしていた。申し立てを受けた検察審査会は、その年の10月、「不起訴不当」と議決。「不起訴不当」は起訴すべきという「起訴相当」にはあたらないものの、不起訴は妥当ではないとして、再捜査を求めるものだ。

「不起訴不当」の議決を受けて、大森さんの妻がインタビューに応じてくれて、私たちはその思いを２０１９年11月、夜のニュース番組で初めて伝えた。大森さんの妻が話してくれたのは、今なお続く苦しみとともに、大森さんのこと、そして大森さんが気にかけていたAのことを思うがゆえに検察審査会に申し立てをした、複雑な気持ちだった。「裁判を通じて事実を公にしてほしい」という強い思いは、決してAを厳罰に処してほしいということからきたものではなかった。

「夫がいなくなった喪失感にはずっとさいなまれています。年号が変わったときも、子どもが成長していくときのいろんな行事のときも、これから起こるすべてのことに夫はもういないんだと毎度思いしらされて……それは時間とともに濃くなる部分もあるのかもしれません。でも、夫がもしも生きていたなら、恐らくきっと、『なぜ』という部分、彼（A）が何をそんなに抱えていて事件を起こしたのかという部分を知りたいのではないかなと思うんです。私も、処罰感情ってよく言われますけど、厳罰に処すということを求めているというよりは、とにかくよく解明してもらいたい。なぜ事件が起きたのか、今後こんなことが起きないためにはどうしたらいいのかというところにつなげたい、そういう思いがあって……」

もし大森さんが生きていたら。Aがなぜ事件を起こすほどに追い詰められていったのかを知りたいのではないか。そう考えるからこそ大森さんの妻はそれを明らかにしてほしいという思いがあった。そして、裁判の場で、Aに対して伝えたいことがあった。

「彼に対しては、突然命を奪われて、大事な人がいなくなるということがどれだけ大変かということを伝えたいと思っています。難しいということもわかっているんですけど、でもやっぱりそこは伝えられたらなと。どの人にもそういう人とのつながりがあって、だからこそ本当に命を大事にしてほしいなと。一番問題なのは、彼自身が本当に自分自身を大事にできるかというところだと思うんです。本当はそういう大事な存在なんだということを自分でもわかってほしいんです」

「生まれてきてよかったんだよ」施設の子どもに贈ったプレゼント

夫の命を奪った存在であり、強い処罰感情を抱いてもおかしくないAに対して、「自分が大事な存在なんだということを知ってほしい」という思いを抱いていた大森さんの妻。なぜそのような気持ちを抱いたのかというと、大森さんの妻自身も、かつて、児童養護施設で働いていたという経験があるからだ。

大森さんの妻は、実は大森さんと同じ児童養護施設の職員で、新卒で施設に就職した大森さんを先輩として迎え入れた立場だった。結婚したあとは施設を辞めたが、夫となった大森さんが常に笑顔で、父親のように、時には兄のように子どもたちと接していた姿が目に焼き付いている。

「どんな子も幸せでいてほしいと思っていたんだと思います。自分の子どももそうですし、施設の子どももそうですし、地域にいる子どももそうですし……本当に子どもが好きだったんだろうなって思います。それが仕事につながって、自分も子どもみたいだって思っていたんですけど、その中で感じることを大切にしながら一生懸命取り組んでいたのかなと」

頼れる家族のいない子どもたちの暮らしを支える施設職員の仕事。宿直勤務もあれば、土日に家を空けることも少なくなかった。しかし、家に帰れば、大森さんはごく普通の父親であり、夫でもあった。

大森さんの妻が大事にとっていた、すり切れた黒いサンダル。あるときからウルトラマラソン（42・195キロを超える超長距離マラソン）に熱中した大森さんは、広島の原爆投下時間に原爆ドームをスタートし、長崎の投下時間までに原爆落下中心地公園を目指すという、総距離約400キロのウルトラマラソンにも挑戦した。ウルトラマラソンをやると決めてからは、事前に地図を読み込み、下見にも時間をかけた。一番走りやすい靴は何かを自分なりに研究し、出会ったのがこのサンダルだった。一度やると決めたことは、納得するまでとことん突き詰める、そんな大森さんの姿は、家族から見るとおかしくもあり、面倒くさくもあり、それでいて尊敬できる部分でもあった。

「これ、こないだ家の中を片付けていたら見つけたんですけど……」

はにかみながら見せてくれたのは、大森さんが妻にあてたメッセージの束。毎日お弁当を作っていた時期に、食べ終わったお弁当箱の中には、必ず大森さんからのメッセージが入っていた。「ごちそうさま」「ありがとう」「野菜たっぷりでおいしかった」。「字の練習をしたくて」と大森さんは妻に言い、毎日のメッセージに並ぶことばこそシンプルなものだったが、返ってきたお弁当箱を開けることが、大森さんの妻の楽しみでもあった。

そして、忙しい中でも欠かさなかったのが毎年、家族で登る富士山。下の子が5歳になったころから大森家の恒例行事となっていた。一般的に5合目から登る人が多いものの、大森さんは上の子をつれて1合目から登っていた。大森さんの妻と下の子は5合目までバスで登り、そこで4人合流して頂上を目指すというのがお決まりだった。大森さんが亡くなった年にも家族はみんなで頂上を目指した。

家ではあまり仕事のことを語らなかったため、どんな風に子どもたちと向き合っていたのか、最近の様子はわからなかった。しかし事件のあと、施設から家族のもとにある遺品が届けられた。それは、大量の楽譜。大森さんは、施設長になるまでの間、施設の子どもたちの誕生日には、一人ひとりに対してギターの弾き語りで歌をプレゼントしていた。大森さんは休みの日でも、「今日じゃないとだめだから」と家を出て施設に駆けていった。

「小さい子どもたちはとても喜んでいたみたいです。斜に構えた年代の子どもたちも多い中で、言葉よりも音楽の方が思いが伝わると思ったのかな。お誕生日をちゃんとお祝いすることで、『生まれてきてよかったんだよ』と伝えたかったんだと思います」

歌う曲は、当時のヒット曲や子どもたちが好きなアニメの曲などさまざま。子どもたちからリクエストを募ることもあれば、大森さんが好きだった音楽グループ「ゆず」の曲を歌うこともあった。大量の楽譜の束の中には、単に楽譜をコピーしたものだけでなく、印刷した歌詞に手書きでギターのコードを書き込んでいたものも多くあった。見やすいように折りたたんだ跡や、書き込みの跡が、練習の苦労を思い起こさせる。楽譜の数は、ファイルにとじられているだけでも100を優に超えていた。
時には自作の歌を贈ることもあり、16歳の誕生日を迎えた子どもには、こんな歌詞を贈っていた。

「Happy birthday to you
誕生日　おめでとう
Happy birthday to you
今日からは　16才
もしも　きみが　20才に　なって
私と　飲みに　行くなら
ここに　いた日々を　思い出して
朝まで　飲みあかしましょう」

大森さんの命を奪ったAの生い立ち

事件を起こしたAはどのような人物だったのか。足跡をたどる取材は難航したが、幼

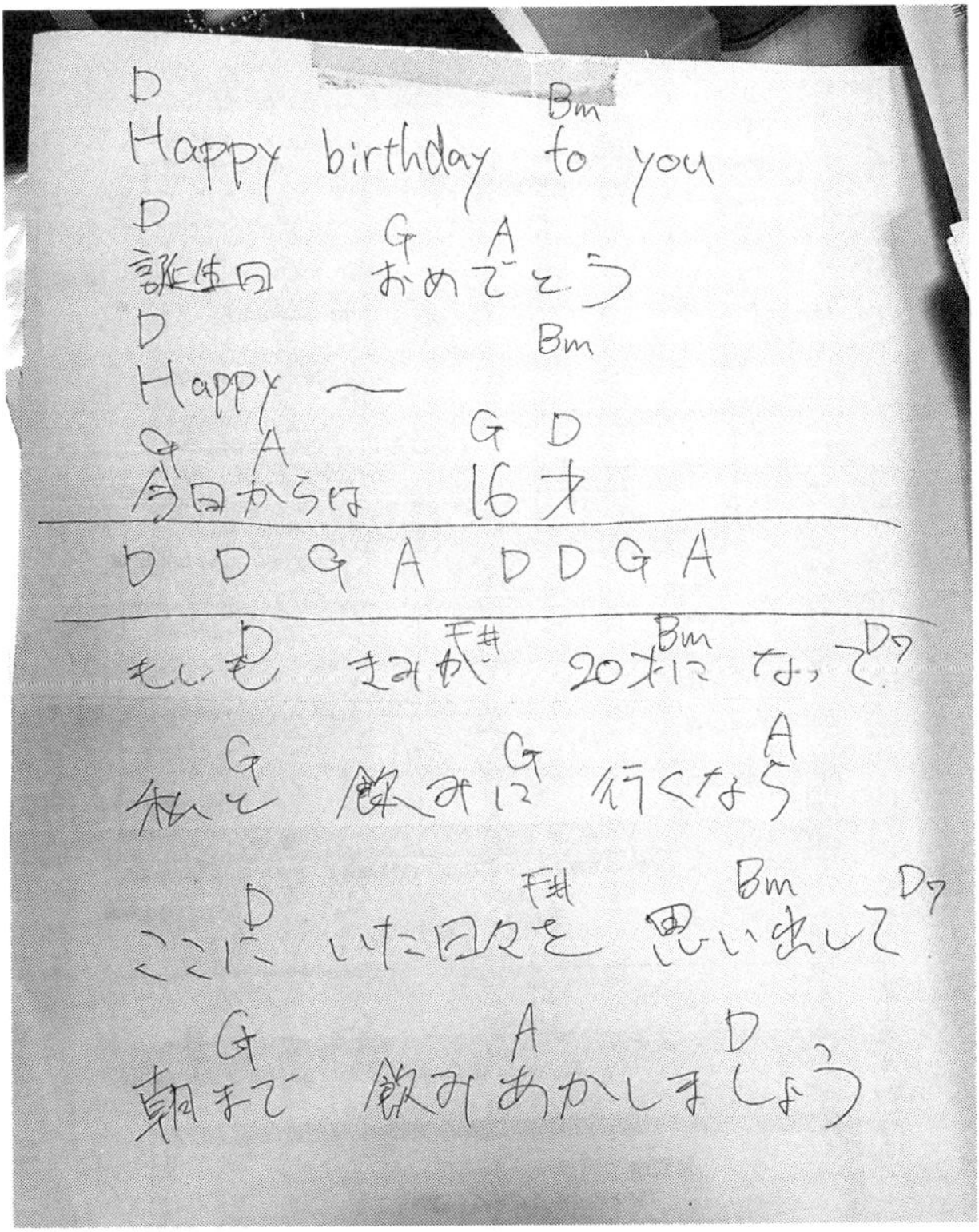

大森さんが誕生日の子どもに贈った歌。手書きの楽譜

少期には関西地方にある別の児童養護施設で過ごしていたことがわかった。Aは小学校1年生になる前に、弟と一緒に施設に入所した。母親はシングルマザーで、働くために一時的に兄弟を育てることが難しくなり、施設に預けられることになったのだという。同じ年ごろの子どもと比べて小柄だったAは、施設の子どもたちに温かく迎えられ、かわいがられる存在だった。ほかの子どもたちに連れられて地域の柔道クラブに通うようになったが、負けず嫌いな性格から体格の大きな子どもにも負けることなく、「小さいのにすごい！」と尊敬される面もあった。

小学校3年生のときに、再び母親と暮らせるようになり、施設をあとにした。施設の職員が家庭訪問で兄弟の様子を見に行くと、これまで見たことのないような、きらきらした笑顔のAがいた。職員の胸の中に残るAは母親思いで、弟にも優しく、負けん気の強い、かわいい男の子だった。親子の再統合がうまくいったケースとして、その後は積極的な交流は行われなかった。

数年後、Aが中学生になるころに家族は関西から東京に転居。そして高校にあがるころに再び、母親が子どもたちの面倒を見られなくなったという理由で、大森さんの施設に預けられることになった。Aは当時15歳。物静かな少年で、暴れてトラブルを起こすようなタイプではなかったという。

難しい15歳以上の「子ども」の受け入れ

「Aのような『高齢児』の受け入れは施設にとってハードルが高かっただろう」

そう話すのは、大森さんとともに施設の子どもたちや退所した若者たちの支援に携わってきた、高橋亜美さんだ。高橋さんはもともと、児童養護施設を退所して中卒で働き始める子どもたちを受け入れる「自立援助ホーム」の施設職員をしていた。「高齢児」は中学を卒業した15歳から18歳の子どもたちのことをさす。高橋さんは、中卒で働かざるをえなくなったものの、家庭に居場所のない、多くの「高齢児」たちと向き合ってきた。

そこには、児童養護施設にいたものの、暴力事件を起こしてしまって退所を余儀なくされ、どこも引き取り手がない、という子どももやってきた。自立援助ホームで過ごすことができるのは、長くても20歳までの数年間（現在は最長で22歳まで）。傷ついた子どもたちは、自立援助ホームにいる間はある程度落ち着いて過ごすことができても、退所したあとすぐに困難な状況に陥ってしまうケースが多かった。特に印象に残っているのは、自立援助ホームを出て数年後に、突然、連絡をくれた20代の女性のことだ。「デリヘルで働いていて、妊娠したけれど、父親は誰かわからない。もう死にます。最後に亜美さんの声が聞きたかった」。高橋さんは、すぐに女性がいるという都内のラブホテルにかけつけた。女性のおなかはかなり大きくなっていて、中絶できる期間はとうに過ぎていた。高橋さんは、すぐに入院の手続きをとって、女性と話し合い、養子縁組の手続きをサポートした。

「もっと早く相談してくれていれば、ほかの解決策があったかもしれない」。そういうケースがあまりに多かった。警察沙汰になったり、自殺を考えるまで追い込まれたり、本当にぎりぎりの状態になってからではなく、いつでも相談できるような場所を作りたい。高橋さんは、施設を出て壁にぶつかったときに気軽に「助けて」が言える場所として、2011年4月に退所後の相談支援に特化した、アフターケア相談所「ゆずりは」を開所した。大森さんとは自立援助ホームの職員時代に出会ってはいたが、退所後の相談支援活動を通じてさらにともに活動する機会が増えた。

高橋さんによると、いわゆる「高齢児」を積極的に受け入れてくれる児童養護施設は少ないのだという。家庭の中で「苦しい」という思いを積み重ねた期間が長ければ長いほど、その心をほどいて、信頼関係を築くのは難しくなる。子どもの側も、ある程度体も心も成長して、人格が形成されていくと、家が苦しい場所であったとしても施設に入ることへの気持ちの上でのハードルが高くなる。また、児童相談所も、虐待が命に関わることのある小さい子どもに比べると、「高齢児」はすぐに命の危険につながる恐れはないと判断して、積極的な保護の対象としないこともある。

しかし、大森さんは、「高齢児」を受け入れる施設が少なく、ハードルが高いからこそ、信念を持ってAを受け入れたのだという。

「ある程度年齢がいった子と気持ちを通い合わせていくのは正直かなり大変です。在籍している子たちの安全とか安心を考えて、高齢児童の子は今難しいですって、そうやって断る施設もある中で、大森さんは、もう中学卒業だからとか、高校生になっているから、うちじゃ難しいじゃなくて、そういう子ほど受け入れてやっていこうっていうスタンスでいたし、大森さんがいた施設は、それをすごく一生懸命やっていた数少ない施設だったと思います」

大森さんの原動力となった深い後悔

大森さんはなぜそこまで子どもたちのために一生懸命になれたのだろうか。

取材を進めると、それを知る手がかりとなる映像が残っていることがわかった。事件の5年前（2014年）、施設を出たあとの子どもの自立をサポートするNPOの依頼を受けて、施設の職員を目指す若者たちを相手に大森さんがみずからの仕事のやりがいや苦労について語った映像だ。大森さんは、子どもと関わる中でどのようなことに困ったのかを聞かれると、こう答えていた。

「本当にいろんな子どもの顔が思い浮かぶんですけど、子どもによってこう、その子のつらさって本当に一人ずつ違うんですよね。まあ当然だと思うんですけど。私が入ったころはやんちゃな子が多くて、今は男の子はどっちかっていうとちょっとおとなしい子が多いというか、引きこもりになりがちな子とか、他の子との関わりが難しいとかそういう子が多いんですけど。外で元気に暴れちゃう系の子の場合っていうのは、割とそういう子って施設長からすると困った子なんですね。施設的には、この子は本当にここの施設でやっていけるのかと、言いにくい話なんですけど、施設的にはこの子はもううちに置けないんじゃないかというような議論がいつも起こるんですね」

　大森さんは、過去に施設に入所していた子どもたちに対して、必ずしも自分の理想通りに関わることができたわけではないのだという。子どもたちが暴れてしまうのは、何かしら理由があることはわかっている。しかし、家庭や学校で受け入れてもらえずに苦しんできた子どもたちを、施設も受け止めることができなかった場合、「別の施設」に入所させるか、家に帰すしか選択肢はない。「別の施設」というのは、たとえば暴れてしまう子どもの場合は「児童自立支援施設」が考えられる。児童自立支援施設は、主に非行少年を対象とした施設だ。法律には、「不良行為をなし、又はなすおそれのある児童」「家庭環境その他の環境上の理由により生活指導等を要する児童」が入所するとされている。少年院とは違って施設への出入りは自由であるとは言え、そこで暮らす子どもたちは児童養護施設と比べると厳しい指導を受けることになる。子どもたちが嫌がるケースも少なくなく、結果的に、帰れる状況ではないはずの家庭に戻してしまったというケースがあったのだという。

「中には本当に施設にいられなくなるケースもあったんです。自立支援施設に行かなければいけなくなった子もいれば、『おうちに帰りなさい』と言われる子もいて。帰れる状況、今思えば、全然整ってなかったんだけどここには置けないし、本人も自立支援施設は嫌だって言ってるし、児相（児童相談所）も自立支援施設にはちょっと入れないっていうときに『家に帰れ』と、追い出されるのに近い形で出された子がいて。そういう子と私が向き合わなければいけなかったときに、すごく苦しんだというか、もっと自分にできたことがあったんじゃないかとか、もっと自分が勉強して色んなことを知っていれば、子どもに対しても周りの職員に対しても何かできたんじゃないかとか、そういうことに苦しんでいたのが一番今思えば大変だったことかなと」

親の虐待や病気など、理由はさまざまではあるが、子どもたちは、親が子どもを育てられる状況ではないと判断されて、施設に入所する。しかし、心身ともに傷ついているために、暴れてしまったり、コミュニケーションがうまくとれなかったりとさまざまなトラブルを起こしてしまうケースが少なくない。そういうときに、傷ついた子どもを施設が追い出してしまったこと、そのとき何もできなかったことが実際にあったという大森さん。「本当にどうすることもできなかっただろうか」と、みずからが守れなかった子どもたちのことを思い、苦しんでいたのだ。

さらに、18歳で子どもたちが施設を退所するときにも、十分なサポートができず、「子どもの選択肢を狭めてしまったのは自分なのではないか」、という苦い経験を重ねていた。

「子どもが『職員替わってくれ』とか『死んじまえ』とか、そういうバトルって今思えばいい思い出でしかないんですよ。だけど子どもを守れなかったとか、いろんなパターンで、他にも例えば子どもが『大学に行きたい』って言ったんだけど、その当時、実際にもらえる奨学金も少なくて、その子の行きたい方向を選択するには新聞の奨学生をやるしかなかったんですね。だから『行くにはそれしかないんだよ』って説明したらその子は大学進学をあきらめたってことがあったんですけど。今思えば、やれることまだいっぱいあるだろうって。私が企業とかに頼みに行って、『こういう子がいるんだけどお金もらえないか』ってことだってやればできただろうし、ほかの施設さんの情報をもっとかき集めて調べたりとかできたんじゃないかっていう、そういう何だろうな、思い出すと後悔みたいになってしまうんだけど、そうやって、やりたかったけど、本人がやりたかったのに私の力がなかったせいでできなかったということがたぶん一番苦しかったんだと思いますね。大変だったというか。まあ私よりもその子どもの方がずっと大変だったんですけど」

大森さんは、施設が受け止めきれずに追い出してしまったり、進学を諦めさせたりした子どもたちのことを思い返し、あのとき自分がもっといろんなことを勉強して知っていれば、何かできたのではないかと後悔の念に駆られていた。それが心の中のしこりとなって残っていた大森さんは、退所してしばらくたったかつての子どもたちに思いを打ち明けることもあった。

「申し訳ないなっていう気持ちをずっと抱えて仕事をしている中で、何人かの子は実際に会って、私の思いを伝える機会があって、でもそんなの子どもは全然覚えていなくて、『そんなのいいよ』って言ってもらえて私も楽にしてもらったこともある。中には『高校卒業してもいつでも遊びに来いよ』って言ってお別れしたんだけど、その子は『ここには二度と、さんざん自分が迷惑をかけたせいでこの敷居はまたげないんじゃないか』と思ってお別れしたなんてことをお酒飲みながら言ってくれた子がいて。その程度しか伝えられなかったんだなと。その子はそのあと普通に何かあれば飲んだりだとか、奥さんを紹介してくれたりっていう関係になれたんですけど。私たち職員が伝えたいことが想像以上に子どもに伝わっていなかったり、逆に伝わっていたり、そういう幅があって、大変なことだったり、逆に予想外にやりがいのあることだったり、うれしいことだったりする。いつも表裏一体というか、大変なことは実はやりがいとかうれしいことの裏表。でもだからこそ、まだまだなんだなっていつも思いながら、20年経ってもこれで十分だなってならない仕事だなと思いながらいますね」

一連のインタビュー映像を初めて目にしたときは、胸が熱くなった。事件の後から取材を始めた私たちは、生前の大森さんとは面識がない。映像の中で大森さんが熱っぽく語る姿を見て、少しだけ大森さんに触れられた気がした。

親からの虐待、親の病気、経済的な理由。さまざまな事情で親元を離れ施設で暮らす子どもたちは、一人ひとり、それぞれの苦しみを抱えている。その子どもたちとの関わりは、決して一筋縄ではいかない。大森さんのように高い理想を持っていたとしても、厳しい現実の中でうまくいかないことはあり、守れなかった子どもたちの顔を思い浮かべて苦しむこともあった。しかし、自分以上に苦しんでいる子どもたちの心に思いをめぐらせて、必死で次の道を探す。どこまでも子どもたちと向き合い続ける姿勢、深い後悔の気持ちがあるからこそ、それが大森さんを突き動かす原動力となり、子どもたちとともに成長を続けていく力になっていたのだ。

第2章

児童養護施設の実像

大森さんが児童養護施設で子どもと向き合ってきた20年は、児童養護施設をとりまく環境が大きく変化した時期とも重なっている。

その社会的な背景について、この章では考えていきたい。

増加する児童虐待の陰で

「子どもが虐待を受けたとして児童相談所が対応した件数は昨年度、過去最多を更新」

いまや毎年のように報じられるようになったニュースだ。最新の2020年度の対応件数は、速報値で実に20万件あまりにのぼる。1日あたりにすると、毎日500件以上、どこかの町で虐待に関する相談が寄せられ、児童相談所が対応しているという計算だ。

近年では、深刻な虐待死が相次いで明るみになったことなどから、児童相談所と警察との連携が強化された。警察からの通告は急増していて全体の半数を占めるようになった。そのうち多くを占めているのが、子どもの目の前で配偶者や家族に対して暴力を振るう、「面前DV」（「心理的虐待」）だという。

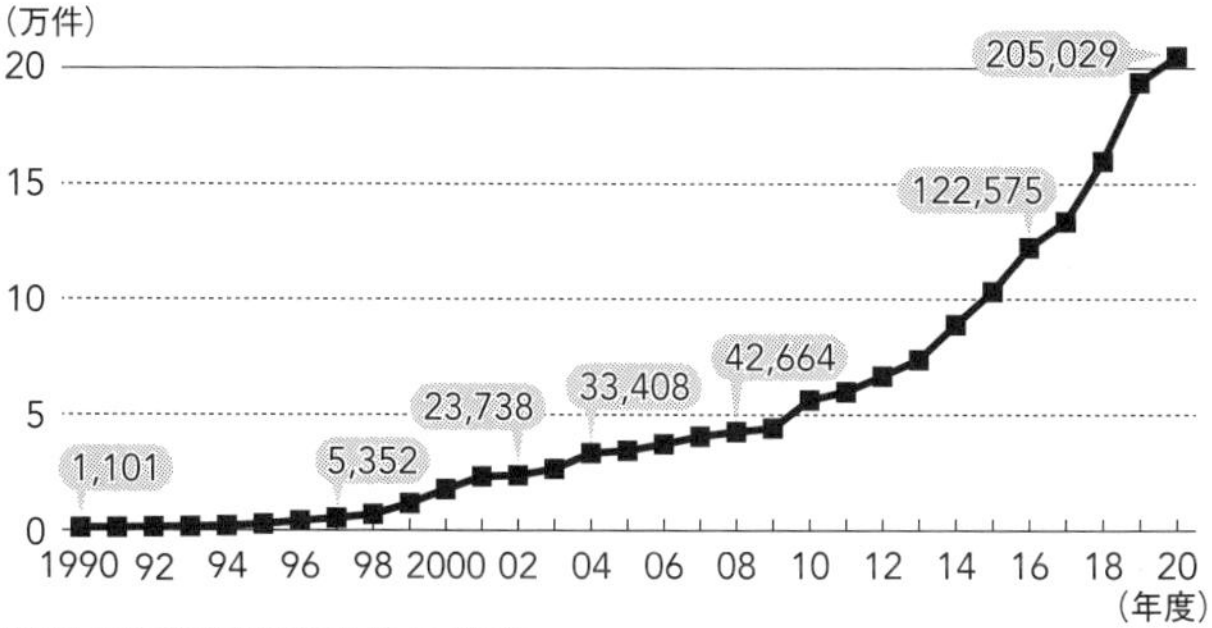

児童虐待相談対応件数の推移

厚生労働省「令和２年度 児童相談所での児童虐待相談対応件数（速報値）」より。https://www.mhlw.go.jp/content/000824359.pdf（福祉行政報告例）

では、虐待を受けた子どもたちはその後どうなるのだろうか。

児童相談所が把握したケースの中で、虐待が理由で子どもを家庭から引き離す、「一時保護」に至るケースは、２０１９年度でおよそ３万２６４件。さらに、虐待以外の理由、たとえば子どもの非行問題や親の病気などで「一時保護」に至るケースは２万２６５２件。あわせて５万２０００件あまりにのぼる。

「一時保護」された子どもたちが、一時保護所で過ごす期間は平均31・3日間（２０１９年度）。その後、ほとんどのケースは家庭に戻され、児童相談所や市町村から指導や支援を受けて生活をすることになっている。

一方、家庭に戻すことが難しいと判断された場合の受け入れ先となるのが児童養護施設だ。公的な責任のもとで子どもを養うこと、つまり、社会的養護が必要と判断された場合に限って児童相談所の判断で児童養護施設などへの入所措置がとられることになる。その数は1万6672件となっている（2019年度）。

時代とともに変化してきた「児童養護施設」

社会的養護を必要とする児童などが入所することになる施設は、児童養護施設のほかにも、乳児院、児童心理治療施設、児童自立支援施設、母子生活支援施設、自立援助ホームなどがある。こうした施設に入所している児童に加えて、里親やファミリーホームに委託されている児童も含めて、「社会的養護が必要な子ども」「要保護児童」と呼ばれている。

少子高齢化が急速に進む中でも、「社会的養護が必要な子ども」の数は減っていない。

1982年には2700万人を超えていた国内の子どもの数は（15歳未満人口）、それ以降40年連続で減少。2021年4月1日時点では1493万人まで落ち込んだ。しかし、社会的養護を必要とする児童の数はその間も大きく減少することはなかった。

相談経路	件数	割合（%）
警察	96,473	49.8
近隣知人	25,285	13.0
家族親戚	15,799	8.2
学校	13,856	7.2
児童相談所	9,313	4.8
市町村の福祉事務所	8,890	4.6
その他	12,188	6.3

相談経路別ランキング

注：上位6位まで

厚生労働省「令和元年度 児童相談所での児童虐待相談対応件数（速報値）」より作成。https://www.mhlw.go.jp/content/000696156.pdf（福祉行政報告例）

施設	対象児童	人数
児童養護施設	保護者がいない、虐待されている、その他環境上養護を要する児童	24,539
乳児院	乳児	2,760
児童心理治療施設	家庭環境、学校における交友関係、その他環境上の理由により社会生活への適応が困難となった児童	1,370
児童自立支援施設	不良行為をなした（なすおそれのある）児童、家庭環境その他環境上の理由により生活指導等を要する児童	1,201
母子生活支援施設	配偶者のない女子、これに準ずる事情にある女子、およびその者の監護すべき児童	5,626
自立援助ホーム	義務教育を終了した児童であって、児童養護施設等を退所した児童等	662
里親委託		5,832
ファミリーホーム委託		1,660

社会的養護下にある子どもの数

注：2020年3月末時点、児童自立支援施設・自立援助ホームは2019年10月時点

厚生労働省「社会的養育の推進に向けて（令和3年5月）」より作成。https://www.mhlw.go.jp/content/000784817.pdf（福祉行政報告例）

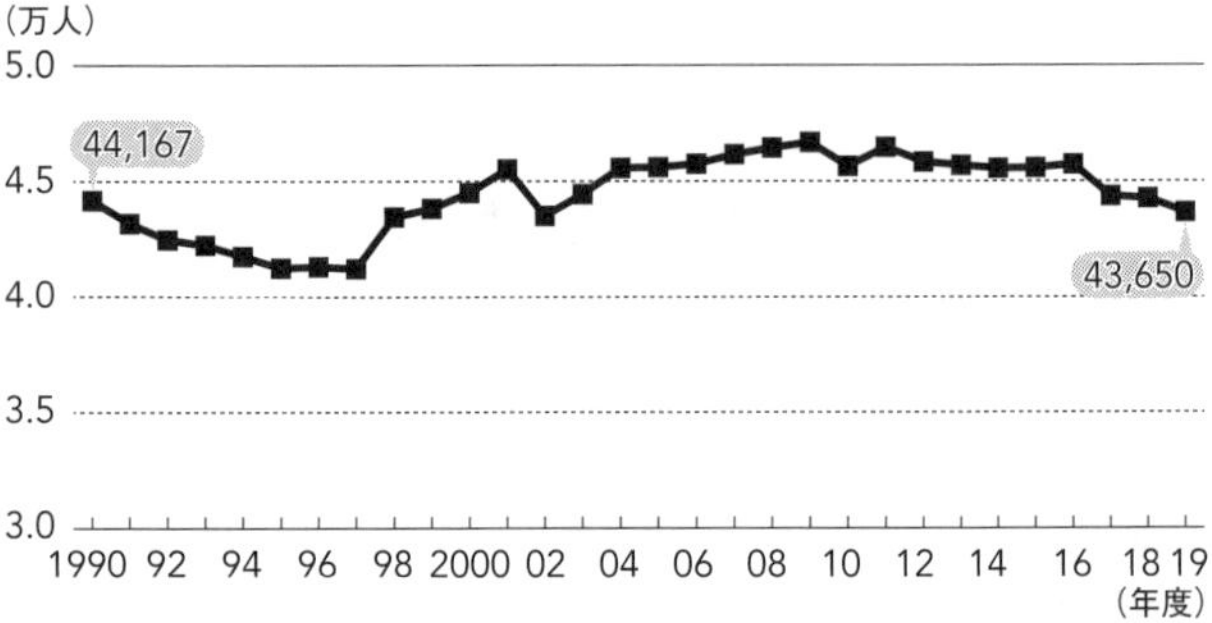

要保護児童数の推移

注：各年度末時点

厚生労働省「社会的養育の推進に向けて（令和３年５月）」より作成。（福祉行政報告例）

１９９０年度以降の状況を見ると当時４万４１６７人だった要保護児童は２０１９年度には４万３６５０人。多少の増減はあっても、30年間にわたってほぼ横ばいの状況となっている。子どもの数全体が減少していることを考えると、子どもたちの中に占める要保護児童の割合は、少ないながらもじわじわと高まっていると言えるだろう。

要保護児童は、児童相談所の判断によって、児童養護施設などに入所措置がとられることになるが、かつては虐待以外の理由で措置されるケースの方が多かった。１９９２年度に最も多かったのは、父親や母親（または両親）の行方不明で４９４２人、次いで虐待が４２６８人、両親の離婚が３４７５人、父親や母親の入院が

	1992年度		2003年度		2013年度		2018年度	
	人数	割合	人数	割合	人数	割合	人数	割合
（父・母の）死亡	1,246	4.7	912	3.0	663	2.2	684	2.5
（父・母の）行方不明	4,942	18.5	3,333	11.0	1,279	4.3	761	2.8
父母の離婚	3,475	13.0	1,983	6.5	872	2.9	541	2.0
父母の不和	429	1.6	262	0.9	233	0.8	240	0.9
（父・母の）拘禁	1,083	4.1	1,451	4.8	1,456	4.9	1,277	4.7
（父・母の）入院	3,019	11.3	2,128	7.0	1,304	4.3	724	2.7
（父・母の）就労	2,968	11.1	3,537	11.6	1,730	5.8	1,171	4.3
（父・母の）精神疾患等	1,495	5.6	2,479	8.2	3,697	12.3	4,209	15.6
虐待	4,268	16.0	8,340	27.4	11,377	37.9	12,210	45.2
破産等の経済的理由	939	3.5	2,452	8.1	1,762	5.9	1,318	4.9
児童問題による監護困難	1,662	6.2	1,139	3.7	1,130	3.8	1,061	3.9
その他	1,199	4.5	2,400	7.9	4,476	14.9	2,830	10.1
合計	26,725		30,416		29,979		27,026	

児童養護施設の児童の措置理由

厚生労働省「社会的養育の推進に向けて（令和３年５月）」より作成。（児童養護施設入所児童等調査結果）

３０１９人と続いていた。

しかし、２０１８年度には虐待が１万２２１０人と措置理由の中で圧倒的に多くなった。次いで父親や母親の精神疾患が４２０９人、破産等の経済的理由が１３１８人、父親や母親の拘禁が１２７７人と続く。措置理由はこの20年あまりの間に激変したことが窺える。

大規模な児童養護施設の課題

このように虐待によって、保護される子どもたちの増加などを背景に、社会的養護に求められるものも変わってきた。

虐待は、体だけでなく心にも深刻な影響をもたらす。暴力を受ける体験からくるトラウマ、そこから派生する不安や情緒不安定といったさまざまな精神症状、栄養・感覚刺激の不足による発育障害や発達遅滞、安定した愛着関係を経験できないことによる対人関係障害、自尊心の欠如等、内容、程度はさまざまだ。

心身に傷を負った子どもたちが、特定の大人と愛着関係を築いたり、安心感のある場所で大切にされる経験をすることで自己肯定感を高めたりするために、できる限り家庭的な環境で、安定した人間関係の下で育てることができるようにすべきだという声が広がり、施設の「小規模化」、そして「家庭的養育」が推進されるようになった。

大森さんが働いていた児童養護施設もかつては、大舎制と呼ばれる大規模な施設だった。

取材を進める中で私たちが出会った、20代の翔太さん（仮名）。翔太さんは小学校2年生から5年生まで、大森さんの施設で暮らしていた。入所当時はまだ大舎制の施設が大半を占めていて、大森さんの施設もその1つだった。

翔太さんの施設での最初の記憶は、大きなホールで、小学生から高校生までさまざまな年代の子どもたちと職員が集まる中、一人でみんなの前に立たされたことだ。

「きょうから一緒にくらす、翔太くん」

そう紹介されたときは、あまりの人の多さに緊張で体がこわばり、突き刺さる視線が痛かった。

ご飯を食べるときも食堂に30人ほどの子どもたちが集まって一斉に食べる。テレビはホールに1台しかなく、翔太さんのような小学生の子どもたちにチャンネルを選ぶ権利はいつまでたっても回ってこない。翔太さんが覚えているのは、「特命係長　只野仁」が流れていたこと。小学校のクラスメイトたちの間では、「おジャ魔女どれみ」や、「デジモン」などのアニメのほか、いわゆる戦隊ものが流行っていた。しかし、翔太さんは同世代で流行っているテレビ番組のことはわからず、話についていくことができなかった。

翔太さんが楽しみにしていたのは、中学生や高校生が持っていた家庭用ゲーム機プレイステーション。その存在を知ったのは施設に来てからだった。翔太さんたち小学生はいつも、中高生がプレイステーションで遊んでいるのをただうしろから眺めているだけだったが、それだけでも楽しかった。

施設では寝室も個室ではなく、同じ年代の5～6人の子どもたちで1つの部屋を共有していた。翔太さんの部屋には小学校2年生から6年生くらいまでの男の子がいた。一人の時間はほとんどなかったが、そのときは必要だとも思わなかった。学校よりも施設での生活が楽しく、さみしさも感じることはなかった。

施設での暮らしの中で身近な大人である職員の存在は、頼れる存在だった。翔太さんたちは、職員のことを「○○兄さん」「○○姉さん」と呼び、大森さんのことも「信也兄さん」と呼んでいた。信也兄さんは、翔太さんの直接の担当ではなかったが、目立つ存在だったのだという。なぜかいつも、すぐに走り出せそうなランニングウェアに身を包んでいるのが不思議だった。信也兄さんを見つけては話しかけるのが楽しかった。

「腰のポーチ、何が入ってるの」

「携帯だよ」

「きょうはどうやって施設にきたの」

「家から走ってきた」

「歯が一つ違うけどなんで」

「差し歯だからだよ」

話したのはいつも他愛ないことばかりだったが、信也兄さんはいつもにこにこしていて、笑顔で答えてくれるのが嬉しかった。

信也兄さんは楽器も得意だった。演奏する姿がかっこよくて、翔太さんも音楽に興味を持った。クラリネットの吹き方を、優しく教えてくれて、練習にもとことん付き合ってくれた。明るい、優しい雰囲気の中で、安心して毎日を過ごすことができていた。

しかし、大舎制には課題もあった。当時は子どもの数に対して職員の数が少なく、職員の目が子どもたちに十分に行き届かないことも多かった。翔太さんが、当時まだ珍しかったパソコンを使って遊んでいたときのことだ。そこに年長の男の子がやってきて、「パソコン貸せよ」と声をかけられた。まださわり始めたところだったので、翔太さんはそれを拒否した。すると、突然その男の子が翔太さんのおなかを殴ったのだ。痛みに涙があふれたが、そのとき、周囲には誰も職員はいなかった。助けてと声をあげることもできず、翔太さんは泣き寝入りするしかなかった。高校生や中学生の男の子が殴り合いの喧嘩をしていたときも、職員たちが気づかないこともあり、そういうとき、小さい子どもたちはただただ恐怖を感じて身を隠していたのだという。

「子どもの数が多かったので、問題児には職員の目がいっていたけど、自分みたいに『手がかからない子』はそこまで目をかけてもらうことはありませんでした。でも、職員と一緒にゲームをしたり、今では禁止されていると思うけど肩たたきをして10円をもらったり、職員が同じ目線で過ごしてくれたことがすごく嬉しかった。だから施設を出て家に帰ったときはとてもさみしくなったのを覚えています」

施設の改革に奔走した大森さん

かつては当たり前だった数十人の子どもたちを一斉にみる大舎制。それは、子どもたち一人ひとりに十分に目を配れる環境ではなかった。大森さんの施設でも、できる限り家庭的な環境で子どもたちが過ごせるように、数人のグループに分けてみる小規模化を進めようという声が現場からあがっていたが、施設内部から抵抗もあり、簡単には進まなかった。

「大舎制から小舎制にして、ユニット式の建物をたてて、グループ単位で子どもたちをみていきたい」

大森さんを筆頭に、若い職員たちが強く要望しても、当時の経営陣は首を縦にふらなかったのだという。

「子どもの権利を保障するために小規模化を実現する必要がある」

大森さんたちが何度訴えても、経営陣は動かない。現場の思いが伝わらないことに、大森さんは、応援してくれていた施設関係者に対して珍しく弱音を吐いたこともあった。

「どうしても私たちの意見が通らない。やっぱりうちは無理です。もうダメなんです。こんなんだったら、施設の職員をいつまで続けられるかわかりません」

いつも穏やかで優しい表情だった大森さんが見せた暗い表情。子どもたちのために情熱を注いできた大森さんが仕事を辞めたいと思うほど追い詰められている状況に、施設関係者の気持ちは奮い立った。

「こんなに子どもたちのことを思い、権利を守るために熱い思いを抱えている職員の方が失望して、職場を去らなきゃいけないくらいの状況になっているなんて、そんなことは絶対に許せない」

それからは、社会福祉に詳しい人、建築関係の人、さらに大勢の人を巻き込んで、根回しを続け、根気強く交渉を続けた。その甲斐あって、賛同してくれる人が徐々に増え、最終的には施設の建て直しと小舎制が実現することになった。

一緒に汗をかいた施設関係者は振り返る。

「大森さんは本当に子どもたちのために粉骨砕身、すべてを捨ててでもそのことだけを考えている、そういう情熱のある方だったんです。それから施設長になられたということを聞いて、本当に私は嬉しかった。これからの施設の未来は明るいと、期待をしていました」

「家庭的養育」優先へ

児童養護施設の小規模化は多くの施設に波及していった。

10年ほど前までは、児童養護施設の7割を大舎制の大規模施設が占めていた。しかし、2020年度の全国児童養護施設協議会の調査によると、大舎制の施設の割合は2割に減少したかわりに、定員の少ない小舎制の施設が増加（大舎制は定員20人以上、中舎制は同13〜19人、小舎制は同12人以下）。そして、施設内において少人数のグループでの生活を基本とするユニットケアなど、小規模化がすすめられている。

そしてさらに2016年には、施設偏重と言われてきた日本の社会的養護のあり方を大きく転換するための法改正も行われた。

以下に改正後の条文の一部を記載するが、第1条は「すべて国民は、児童が心身ともに健やかに生まれ、且つ、育成されるよう努めなければならない。すべて児童は、ひとしくその生活を保障され、愛護されなければならない」という内容が大幅に見直されたほか、第2条と第3条の2は新設されたものだ。

第1条　全て児童は、児童の権利に関する条約の精神にのっとり、適切に養育されること、その生活を保障されること、愛され、保護されること、その心身の健やかな成長及び発達並びにその自立が図られることその他の福祉を等しく保障される権利を有する。

第2条　全て国民は、児童が良好な環境において生まれ、かつ、社会のあらゆる分野において、児童の年齢及び発達の程度に応じて、その意見が尊重され、その最善の利益が優先して考慮され、心身ともに健やかに育成されるよう努めなければならない。

（中略）

第3条の2　国及び地方公共団体は、児童が家庭において心身ともに健やかに養育されるよう、児童の保護者を支援しなければならない。ただし、児童及びその保護者の心身の状況、これらの者の置かれている環境その他の状況を勘案し、児童を家庭において養育することが困難であり又は適当でない場合にあっては児童が家庭における養育環境と同様の養育環境において継続的に養育されるよう、児童を家庭及び当該養育環境において養育することが適当でない場合にあっては児童ができる限り良好な家庭的環境において養育されるよう、必要な措置を講じなければならない。

この法改正で、「子どもが権利の主体であること」が明確にされ、「家庭養育優先」の理念が規定された。このため、実の親による養育が困難であれば、特別養子縁組による永続的解決（パーマネンシー保障）や里親による養育を推進することが明確化されたこととなり、この大きな方向転換は「我が国の社会的養育の歴史上、画期的なこと」とも指摘されている（厚生労働省「新しい社会的養育ビジョン」より）。

施設で暮らす子どものゆるやかな減少と里親委託の増加

要保護児童の数が横ばいで推移する中、子どもたちの行き先には変化が生じている。児童養護施設や乳児院、里親、ファミリーホームで暮らす子どもたちの数の推移を見てみると、この10年あまり、児童養護施設で暮らす子どもの数はゆるやかに減少してきた。かわりに増えているのが里親やファミリーホームに委託される子どもたちだ。社会的養護が必要な子どもたちのうち、里親やファミリーホームに委託される子どもたちの割合を示す「里親委託率」は10％から20％に上昇した。

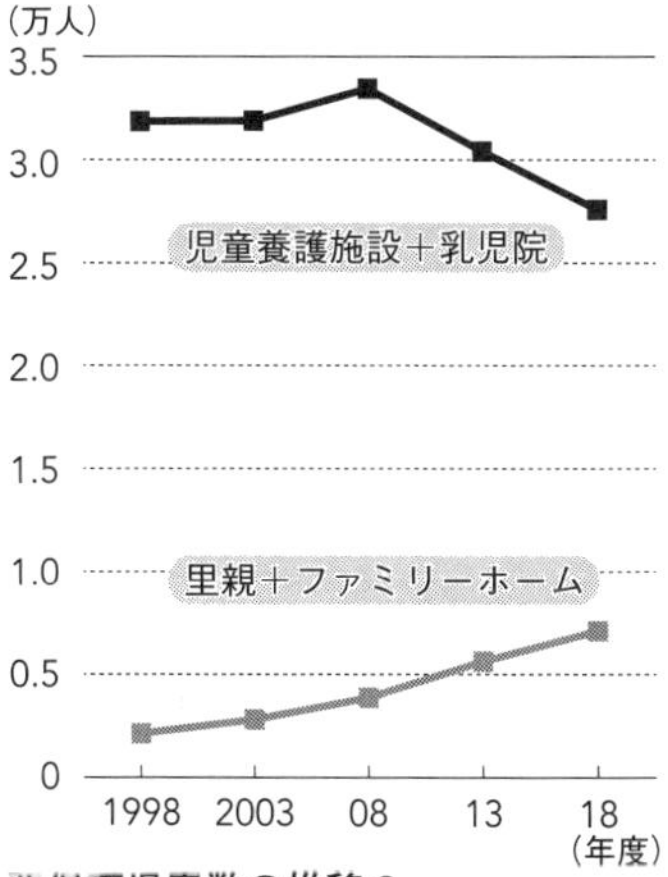

要保護児童数の推移２

注：各年度末時点

厚生労働省「社会的養育の推進に向けて（令和３年５月）」より作成。（福祉行政報告例）

国は２０１６年の法改正を踏まえて２０１７年に「新しい社会的養育ビジョン」をとりまとめ、愛着形成に最も重要な時期である３歳未満と、３歳以上・就学前の子どもの里親委託率を75％以上に（３歳未満は概ね５年以内、それ以上は概ね７年以内）、学童期以降の子どもの里親委託率を50％以上とする（概ね10年以内）、高

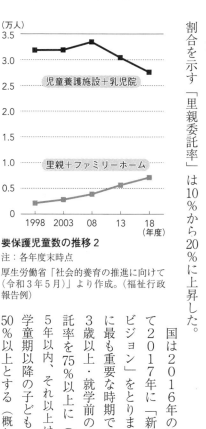

い目標を掲げた。

しかし、2019年度末までにまとまった各都道府県の計画では、国の目標に満たないものがほとんどを占め、実現に向けた道のりの険しさが露呈した形となった。一方で、急激に里親委託率を引き上げようとすることに懸念を示す声もある。里親側も里親をサポートする自治体の体制も十分な準備ができないまま子どもを受け入れてしまい、結果的に、里親が面倒をみきれなくなる「里親不調」につながりかねないからだ。「里親不調」となると、その子どもは家族のところに戻されたり、施設に入ったりして、さらに心に傷を負うことになりかねない。そうならないようにするためには、里親をサポートするための自治体の体制整備が欠かせないが、現状では、地域間の格差も大きいため、それぞれの地域での地道な取り組みが必要となっている。

ただ、そもそも日本の里親委託率は諸外国と比べると極端に低い水準となっていることが指摘されている。厚生労働省の調査研究によると、最も高いオーストラリアでは92・3%となっているほか、カナダで85・9%、アメリカで81・6%、イギリスで73・2%、香港で57%となっていて、イタリア、ドイツ、フランスでは50%前後となっている(2018年ごろの状況)。取り組みをじっくり進めていくためには長い年月が必要だという意見もあるが、今まさに保護され、社会的養護のもとで育つ子どもたちがどんどん増えているのもまた事実だ。子どもたちが家庭的な環境で育つことができるようにするためには、そして子どもたちの権利を守るために、すべての自治体が知恵を絞り、迅速に体制を整備していかなければならない。

原則18歳での退所

法改正後に積み残されている課題としてもうひとつ大きいのは、児童養護施設や里親家庭などから出たあとのアフターケアである。児童福祉法で児童は18歳未満と定義されているため、児童養護施設や里親家庭などで過ごすことができるのは原則18歳までとなっている。必要に応じて20歳まで延長できるとされているが、実際の運用では18歳で自立を迫られるのがほとんどだ。住まいや生活にかかる費用を自分で稼がなければならないため、進学を諦めるケースも多い。児童養護施設の子どもの大学進学率は17・8％と、全国平均の52・7％と比べて極端に低くなっている。仮に就職できたとしても、長く続かずに仕事を転々とするケースも少なくない。困っても頼れる親族などがいない状態で自立を迫られる難しさは「18歳の壁」とも称されている。

2004年の児童福祉法の改正で、児童養護施設の業務に「退所者への相談支援」の業務が規定されたものの、退所したあとのアフターケアに財政的な後ろ盾はなく、各施設の職員の善意に任されているのが実情だった。2017年にはようやく、社会的養護自立支援事業が創設され、自立支援コーディネーターによるサポートや、継続した相談支援、生活費や家賃の貸付などに国から補助が出ることになった。この事業を活用することで、22歳の年度末まで、施設や里親家庭での暮らしを継続することも可能となった。現場では試行錯誤をしながらではあるが、少しずつ実践が始まっている。

大森さんが児童養護施設に就職した1990年代から現在に至るまでは、社会的養護を必要とする子どもの支援のあり方が大きな変革を求められた時期と重なっていた。最前線で子どもたちと向き合ってきた大森さんは、制度や慣習の壁にぶつかるたびに、悩み、仲間をつくり、そして「子どものために」と、もがき続けていたのだった。

第3章

〝アフターケア〟の先に待ち受けていた事件

深層には何があったのか

Aの退所後も寄り添い続けた大森さん

児童養護施設を取り巻くこの20年の変化をみてきたが、本章は再び、大森さんの命が奪われた事件の背後に何があったのか、取材をもとに迫っていく。

いわゆる高齢児でありながら、「どんな子どもも幸せでいてほしい」という大森さんの強い信念のもと、都内の児童養護施設で受け入れられたA。

施設で暮らしていたころのAはどのような人物だったのか。

私たちはAと同時期に施設で暮らしていた元入所者を探した。施設の関係者をたずね歩き始めてから半年後、ようやく一人の女性が見つかった。この20代の女性は両親が亡くなったことをきっかけに、高校生のころから施設で暮らしていた。

2020年3月初旬、新宿駅からほど近いホテルの喫茶店で私たちの取材に応じてくれた女性が語ったのは意外な言葉だった。

「それが、Aのことは全く覚えていないんです。あの施設では、退所するときには決まって（施設を運営する）社会福祉法人が主催するお祝いの会があるのでAとは必ず顔を合わせているはずなんですが……。それくらい印象がなかったんだと思います」

別の施設関係者もこう証言する。

「Aはほとんど人と話さなかったらしいですね。自分の部屋にこもって、スマホでずっとゲームをしていたみたいで。良い意味で言えばおとなしくてトラブルを起こさない子。でもコミュニケーションが苦手で何を考えてるか読めなかった」

あまり社交的ではなく寡黙なタイプだったというA。

施設の在籍中に目立ったトラブルを起こすこともなく、施設と多摩地域にある公立高校を往復する毎日。

当時のAの心中を察することはできないが、2015年、Aの日常が大きな転機を迎える。大森さんの施設に入って3年、高校を卒業した3月末、施設を退所することになったのだ。

4月1日、Aは大森さんと職員の支援を受けて日本郵政に入社する。社宅付きの正社員の仕事。Aが配属されたのは多摩地域の郵便局だった。この郵便局に取材したところ、残念ながらAのことを覚えている社員はいなかった。

取材に応じた社員の一人は、「一般論ですが、社宅完備の募集に対して応募してきた高卒の方は、窓口業務や郵便物の集配など何でもやってもらいますよ。Aがどういう仕事を担当していたかはわかりませんが」と話した。

ところが、Aは施設の後押しでつかんだ正社員の職をわずか4か月で辞めてしまう。なぜだったのか。

Aの関係者は取材に対し、「トラブルの具体的な中身はわかりませんが、同僚か上司に何かを言われて、というのはあったんだと思います。彼はコミュニケーションが苦手でしょ。彼には『家族』というものがなかった。父親とも、母親ともまともに会話する機会なんてなかったんです。そりゃ、無口な人間に育ちますよ」と明かした。

一方、大森さんとともに勉強会を主宰するなど、社会的養護の課題に取り組んできた早川悟司さん（児童養護施設「子供の家」施設長）は、児童養護施設を退所する若者の社会的な自立の難しさを次のように指摘する。

「私はね、今回の事件の本質は、元入所者の自立支援はどうあるべきかということを問いかけていると思うんです。そもそも、施設を退所した子どもの社会的な自立というのは私たちが想像している以上に困難なんです。なかでも彼らの3年以内の離職率は『七五三（しちごさん）』と言われています。大卒で3割、高卒で5割、中卒だと7割が3年以内にせっかく手にした働き口を放棄してしまう。一般的な家庭で育った私も大学に入学後に初めて一人暮らしをしましたが、まともに生活ができず、1年生で留年が決まりました。生活面で高度な自己管理が求められるんです。親元で育った子でもそれがままならないケースがあるのに、頼れる家族もいない施設出身の子どもに『18歳で出るんだからあとは自分でやってくださいね』というのは困難な話なんです。私が聞いた話だと、Aはたった1か月で仕事に行けなくなってしまったそうです。おそらく急激な生活環境の変化にやられてしまったんでしょう」

職場での何らかのトラブルによって郵便局での仕事を辞めてしまったA。社宅も退去せざるを得ず、働き口と住まいを同時に失った。こうしたとき、児童養護施設を退所した子どもたちには拠りどころとなる存在がなく、社会で行き詰まり、次第に孤立を深めていくケースが少なくない。

しかし、Aの場合は違った。当時、施設長に就任していた大森さんや施設の職員たちが支えとなったのだ。

大森さんと職員はAが仕事を辞めた事実を把握するやいなや、すぐに対応にあたった。Aには頼れる家族や親戚等がいなかったため大森さんは、すでにAは〝施設の子〟ではなかったにもかかわらず、Aの連帯保証人となってアパートの部屋の契約を結んだ。また、警備会社への就職をサポートするなど、社会での自立に向けて苦闘するAに寄り添い続けた。

大森さんが重視していた退所後の自立支援＝アフターケア

大森さんが施設で暮らす子どもたちへの支援と並んで、時にそれ以上に力を注いでいたのが、退所後の自立支援、いわゆるアフターケアだったと前出の早川悟司さんは語る。早川さんが大森さんと会ったのは２００３年、東京都の社会福祉協議会児童部会の会合を大森さんの施設で開催したときだった。

その夜、施設の最寄り駅前の居酒屋で懇親会が行われた。２人は初対面だったが、施設内暴力、つまり職員による体罰に断固として反対する考えで共鳴。始発電車が走り始めるころまで語り明かしたという。

「そのとき、大森さんが口癖のように言っていたのは、『子どもの未来をあきらめたくないんだ』『未来をあきらめさせちゃいけないんだ』という言葉でした」

そして大森さんは施設を出た子どもたちの自立支援に強いこだわりを持っていたと早川さんは振り返る。

「大森さんは普段は聞き上手で、眼鏡を指先で支えながら耳を傾けてるんですけど、自立支援の話になったら熱っぽく語り始めるんですよね」

東京都内の別の施設に勤める髙橋朝子さん（児童養護施設「品川景徳学園」施設長）も、退所した子どもたちを気にかける大森さんの姿が目に焼き付いていると言う。

「施設職員が集まる勉強会で大森さんと初めて出会ったのは15、6年前だったと思います。『誕生日には、子どもが大好きな曲をギターで弾いて歌ってあげるんだ』と、嬉しそうな表情を浮かべていたのが印象に残っています。そして『子どもたちはいずれ出て行かなきゃいけない中で、年齢を重ねても〝あぁ、あそこで暮らしてたよなぁ〟とか〝自分には帰る場所があるんだ〟〝顔を出してみようかな〟なんて思ってもらえるような仕事ができればいいな』ということは何かにつけて話していましたね」

髙橋さんによると、大森さんはみずからの施設では比較的高年齢の子どもが多いため、短期間で人間関係を築き上げることが大事だと語っていた。わずかでもその土台があれば、実社会に出たときに人とのかかわりを持つ際に活かせるから、というのが持論だったという。

大森さんが退所後の子どもたちの支援に強い思いを持っていた背景には、国の制度の存在がある。児童養護施設について定める「児童福祉法」。この法律は施設について次のように定めている。

第41条　児童養護施設は、保護者のない児童（乳児を除く。ただし、安定した生活環境の確保その他の理由により特に必要のある場合には、乳児を含む。以下この条において同じ。）、虐待されている児童その他環境上養護を要する児童を入所させて、これを養護し、あわせて退所した者に対する相談その他の自立のための援助を行うことを目的とする施設とする。

前章でも触れたが、この法律が対象とする「児童」は、満18歳まで（第4条）。そのため18歳を超えると子どもたちは、原則施設を出なければならない。一方で、法律では施設に対し、退所した子どもたちの自立を援助することも求めている。

しかし、国による財政的な裏付けは十分とは言えず、多くの児童養護施設では、自立支援に予算やマンパワーをあてる余裕がないのが実情だ。

早川さんは大森さんと連携し、行政に対して自立支援をめぐる厳しい環境の改善をたびたび働きかけてきた。しかし当初は、理解を得るのも一筋縄ではいかず、自分たちが声を上げ続け、模索しなければならなかった。

「18歳で自立という制度設計にかなり無理があるんですね。でも私たちはその制度の中で、退所した子どもとにかくつながり続けなきゃって思っていました。かかわりを切っちゃうことは結構怖いことなんですよね。施設を出て順風満帆に頑張っている方ももちろんたくさんいらっしゃると思うんですが、非常に不安定な中で苦労されてる方がやっぱり多い。だから自分たちが『もう大丈夫』と思って送り出した子が、自分たちの知らないところですごく困難な状況にあって、それに自分たちが気づかないでいるっていうことがやっぱり一番怖いことなんだろうと、大森さんともたびたび話していました」

大森さんはたとえ自立支援の取り組みが施設の経営的に大きな負担になったとしても、退所した子どもたちとの「つながり」を大切にしていた。ひとたび施設で出会い、親子同然のかかわりを持った子どもたちへの支援の手を決して緩めることはなかった。

早川さんは、大森さんの心のうちには、苦境に追い詰められた元入所者たちの存在を見て見ぬふりはできない、施設を出た子どもたちをなんとしても安定した自立に導いていくという強い決意があったと語る。

「大森さんにはつながりを切れないというか、見続けていかないといけないんだという『使命感』があったんじゃないか。心の安全基地みたいな場所、いわゆる実家ですね。そういったところを持たない施設の子どもは、頑張る気力さえ持てなくなるんです。いざとなったらここに行けばこの人がいるっていう安心感があるかどうか、これは施設を出た若者にとって非常に大きいんじゃないかなと。大森さんはそのことを非常に強く感じてたんじゃないかなと思います」

大森さんに救われた元入所者　大介さんの証言

取材を進める中で、大森さんと施設で出会い、退所した後も支え続けてもらったという元入所者に話を聞くことができた。大介さん（30代・仮名）、いまは建設関係の仕事に就き、妻と子どもの3人で暮らしている。

取材当時（2020年2月）、東京五輪・パラリンピックの開催を控え、バブルに沸いていた建設業界。何度かメールでやりとりをした後、「信也兄さんのことだったら会ってもいいです」と連日の夜勤の合間を縫って、東京都内のファミリーレストランで取材に応じてくれた。やや小柄ではあるが、職業柄だろうか、がっしりとした肩幅と体つき。レストランのボックス席で名刺を渡し、挨拶を交わす瞬間は少し張りつめた空気が漂った。しかし、くりっとした瞳と人懐っこい笑顔、よく通る声がとても印象的で、大介さんの仕事の近況などについて会話するにつれて空気は和らいでいった。

取材の冒頭、事件が起きたときのことについて聞いた。

「施設時代の2学年上の先輩の家族から『早くテレビをつけてニュースを見て！』と電話があったんです。それでニュースを見たら〝大森信也さんが刺し殺された〟と伝えてる。『えっ、うそだろ』と。夜勤明けで寝てるときにその電話で起こされたので、ニュースを見ても『あれ、おれ寝ぼけてるのかな』って。30分くらいは呆然としていましたね。あの信也兄さんが刺されるなんて考えられなかったです」

大介さんが、今回の事件が起きた施設に入ったのは9歳のときだった。大介さんが産まれてすぐに両親は離婚し、指定暴力団の組員だった父親に育てられた。食事は決まって同じラーメン屋に一人で通い、毎日ラーメンとチャーハン、それに餃子を食べ続けたという。父親がツケにしていた店だった。生活の拠点はなく、父親の仲間の組員の家を転々としながら暮らしていた。

「ふと冷静になってみたら、『自分の家』がないことに気づいたんですよね」

大介さんの様子を見て不審に感じた小学校の教員らが、児童相談所に通報。小学4年のときに保護された。その後、一時保護施設を経て都内の児童養護施設で暮らすことになった。

施設に入所した当時のことについて、大介さんは「てめぇ（自分）勝手に生きていた」という独特の表現で語った。

「宿題もやらない、出した物を片付けない。施設のガラスを割ったり、洗面台を粉砕して水が噴水みたいに飛び出したこともありましたね。ほかにも給水管を折って、施設全体が断水になったり。それはもう酷かったですよ。親父を見て育ってるから、道徳心のかけらもないし、人としての基本がわかってなかったんですよね。担当の職員の言うことなんて何一つ聞かなかったです」

さらに大介さんは、職員や寮生に暴力もふるっていたという。

「かたっぱしからグー（の拳）で殴ってましたね。虫の居所が悪いと殴る。物を壊す。自分の満たされない気持ちを発散できるのは暴力だけでした。今から思うとガキみたいなくだらないことでカッとなってましたね」

職員から遊んでいた玩具を早く片付けるように言われたとき、早く風呂に入るように言われたとき、とにかく自分の意思に反して指図をされることが気に食わなかった。それくらい些細なことにも反応するほど、幼い心はささくれだっていたのである。

大介さんが施設に入っておよそ3年が経った中学1年のとき、施設に就職してきたのが大森さんだった。

「最初に担当として受け持ったのがおれだったんですよね。遠慮もなしに思いきり甘えさせてくれるし、どんなときでもおれたちの遊び相手になってくれる兄貴のような存在でしたね。だからおれは信也兄さんって呼んでました。運動会でおれが応援団長をやることになったと言ったら『おれが教えてやる』って応援団仕込みのエールの振り付けを見せてくれたりして」

みずからと近い距離感で接してくれる大森さんのことを、大介さんは「施設の職員じゃないみたいだった」と記憶している。

その理由について大介さんは、他の職員はあくまで「仕事」として接し、気持ちに寄り添ってくれなかったからだと振り返る。それは、当時の大介さんがあまりに問題を起こしやすい子どもだったということもあったのかもしれないのだが、彼らは大介さんと正面切って関わろうとする様子はなく、いわば無機質な存在だった。一方で大森さんだけが血の通った家族や兄弟かのような、生身の存在だった。

ただ、依然として大介さんの問題行動はおさまらず、時として、大森さんと殴り合いになることもあった。

「道徳心のかけらもなかったこともあったけど、おれ、人間を『ゴミ』だと思ってたんですよね。親父からは暴力もふるわれたし、『人間はゴミなんだよ』っていつも教え込まれてましたからね」

暴力団組員で、スナックの経営者でもあった父親。夜中、たまに大介さんのところへ酒に酔って帰ってきては、稼業の愚痴をこぼしていた。稼ぎが良くないときには周りの人々のことを「ゴミ」と蔑み、「努力したって何も変わらないんだよ」などと社会のありようを批判していた。

「だからおれも感情を抑えられないままに、かたっぱしから暴力で解決してた。誰からも大切にされてこなかったし、誰かに甘えたいっていう思いもあったのかな。信也兄さんのことは『こいつどこまで本気で向かってくるかな』って試したかったのかもしれませんね」

大介さんは施設の中で暴れたり、物を壊したりするたびに大森さんがどこまで本気で止めに来るか、大人が自分のことを真剣に見てくれるのかどうかを試していた。

当時の大介さんは、幼少期からみずからの中で規定されてきた価値観に基づいて、言葉にできない、やり場のない複雑な感情を、暴力という形で発散するしかなかったのである。

一方で、大介さんは「信也兄さんからはおれも試されていたのかもしれません」とも語る。あるとき、大介さんは大森さんから「屋上に行こうぜ」と誘われたことがあった。

何かと思って付いていくと、大森さんはタバコを勧めてきた。もちろん法に反することだがタバコをくゆらせながら、お互いの身の上話に花を咲かせたという。

「2人だけの秘密を作ることで、おれが信也兄さんのことを信頼しているのかどうか、おれが人と信頼関係を築けるのかどうかを試していたんだと思います」
2人だけの屋上の秘め事はその後もしばしば行われた。そのたびに2人の信頼関係は深まっていった。

それから少し時間が経ち、大介さんに転機が訪れる。大介さんはみずからの価値観や意識を変えるきっかけとなった大森さんの言葉を今も覚えている。
「信也兄さんから『何でお前は殴るんだよ。たしかにお前の親父は人をゴミだと言って、暴力をふるったかもしれないけど、そのまま行ったらお前も親父と一緒になっちまうぞ』って何度も言われてね。おれはその言葉に衝撃を受けたんですよ。頭の悪いおれでもわかりましたよ。保育園のころ、将来なりたい職業に警察官って書いたんです。理由は、親父をとっつかまえられるから。それくらい、昔から、親父みたいにはなりたくないって決めてたから」

大介さんの中で意識の変化が芽生え始めたころ、時同じくして、大森さんは、施設で暮らす子どもたちとともに「サイクリング」を始めるようになった。

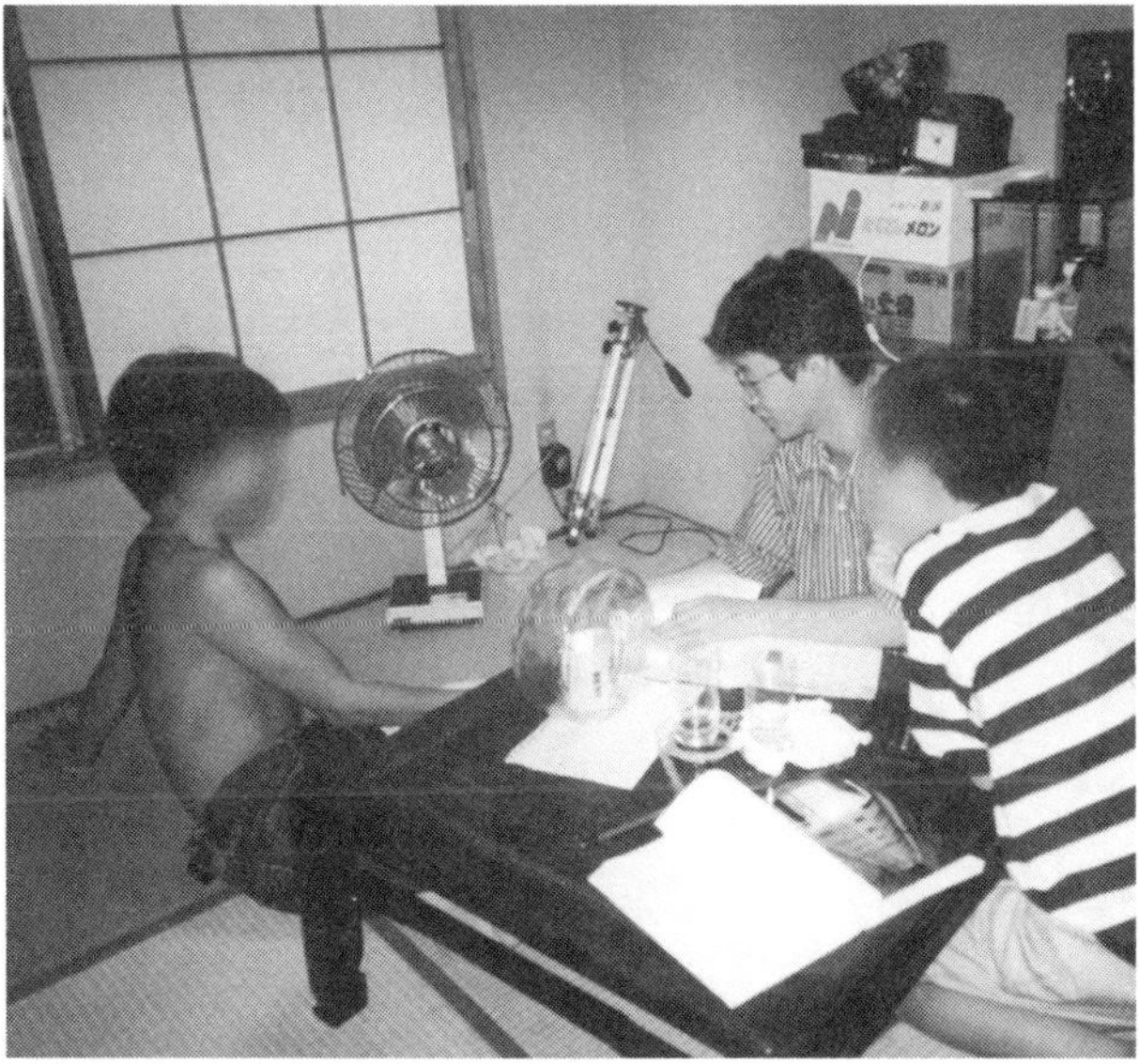

中学生のころの大介さん（左）と大森さん（中央）。「信也兄さんのおかげで人間が好きになれましたね」と大介さんは語った

大森さんは、休みのたびに子どもたちを連れてサイクリングに出かけた。時に大森さんの地元である山梨、さらに遠くは新潟、京都までペダルをこいだ。

施設の子どもたちにさまざまな経験や思い出を残してあげたい。日常生活の指導でも、それ以外の部分でも子どもたちと本気で向き合おうとする大森さんの姿勢は、次第に大介さんたちの心をつかんでいった。

「それまでの経験で、どうせ大人はうそつくもんだと思ってたんで。信也兄さんと出会って、この人ぐらいまっすぐな人はいねえだろうなと思いましたね。何かいさかいが起きたりすると、お互いが納得するまで1時間でも2時間でも話すんですよね。大体、『もういいや』とかおれが言うんですけど、信也兄さんは『逃げるな』って言うんですよね。『だめならだめでもいいじゃん、でも、逃げんなよ』みたいな」

大森さんが繰り返した「逃げるな」という言葉。それまで現実から目を背け、何か気にくわないことがあれば暴力に訴えていた大介さんにとって目を見開かされるものだった。

逃避するのではなく、目の前の問題としっかりと対峙し、小手先の解決で済まさずに根本の部分まで考え抜くべきだというメッセージだった。

「信也兄さんの姿はおれにはすげえ光って見えたんですよね、この人、違うって。他の職員からは『大森は職員の域を超えている』って言われることもあったみたいですけど。それくらい信也兄さんは真剣だったですね」

サイクリングに熱中し、鬱積した思いを発散するようになった大介さん。気がつくと、暴力はほとんどふるわなくなっていた。

その後、高校への推薦も決まった大介さんだったが、ある勘違いがきっかけとなり推薦が取り消されてしまう。

推薦の手続きに必要とされた提出書類の締め切りを誤り、1日遅れてしまったのである。担任の教師は「もう間に合わないよ。お前の自業自得だな」と突き放すように言った。その言葉に頭に血がのぼった大介さんは教師の顔面を思いきり殴った。

「今から思うと頭を下げてお願いすれば推薦は通っていたんですけどね。信也兄さんも父も『高校には行っとけ』と言ってましたが、もうどうでもいいやって思っちゃって」

肩を落として施設に帰ってきた大介さんに対し、大森さんは、「お前らしいなぁ」と笑いながら励まし、翌日からハローワークに付き添ってくれた。

そして大介さんは左官業への就職を決め、中学卒業と同時に施設を出ることになった。入所して6年。退所するころには、大介さんにとって施設は本当の家庭で暮らしているようなおだやかな気持ちでいられる居場所となっていた。

退所後、経験したことのない孤独に押し潰されそうに

ところが、退所後の暮らしは一変した。

大介さんが暮らしたのはワンルームのアパートの一室。それまでのような喧騒はなく、しんと静まりかえった部屋にテレビの音声だけがむなしく響く。

施設では自立したときに備えて料理のしかたを教えてもらっていたものの、いざ作るとなったら気力も起こらなかった。自然と三食がコンビニ飯になっていた。

「知らない仕事、知らない部屋、知らない環境で一人で飯を食う。施設ではみんなで御飯を食べてたんですよ、全員で。それがいきなりぽつんってちっちゃな部屋で一人で御飯を食べるときのあの何とも言えないむなしさ、寂しさ、飯食ってもうまくないんですよ。いくら高い肉買ってきてもうまくないんですよ。しかも近くに誰もいないとなると、誰にも話せないじゃないですか、今、自分が苦しいんだよとか、今、何がしたいんだよ

とか。一人でずっといるっていう孤独は、だんだん苦しくなってきますよね」

何かを食べたときに「これうまいね」と話したり、テレビを見ていて「面白いね」とつぶやいたり、何気ない会話を交わす相手もいない。そうしたときに全身を寂しさが覆ったという。

大介さんが突如直面した社会での自立の厳しい現実。この窮地を救ってくれたのは他ならぬ大森さんだった。

アフターケア＝退所後の子どもの自立にひときわ強い思いを持っていた大森さんは、施設にいる子どもへの対応に追われる中でも、頻繁に電話をかけ、勤務時間外に会いにきて食事をおごってくれることも少なくなかった。

「それはもうしつこいくらいに電話がかかってくる。最低でも月1回ぐらいは電話がかかってきましたね。『おーい大介、仕事はどうだ？　元気でやってるか？』『うまくいってんのかー？』って。次第に面倒臭くなって、『何かあったらこっちからかけっからもうかけてくんじゃねーよ』とか言ったこともあったかな。でも信也兄さんの声が聞けるっていうだけでも全然違うと思うんですよね、気持ち的に。落ち込んでないっていったら、うそになるかもしんないし。そこまで気にしてもらえる、心配してもらえるのは嬉しかったし、気持ちは穏やかにはなりますよね」

大介さんは最初に就いた左官業は人間関係のトラブルによって1年ほどで辞めてしまう。しかし、大森さんからの応援が心の支えとなり、その後に就いた現在の仕事は20年以上経った今も続けている。

複数回に及んだ大介さんへの取材。あるとき、大介さんが「これ、見てください」と持ってきてくれたものがあった。

「施設を卒業するとき、信也兄さんたちがプレゼントしてくれたんですよ」と大介さんが袋から取り出したのは、厚さ10センチ近くはあろうかというアルバムだった。緑色の表紙は少し色褪せてはいたが、中に収められた数十枚に上る写真の数々には大介さんが施設で過ごした日々がしっかりと刻まれていた。

上半身裸でくつろぐ大介さんと大森さんの何気ない日常。寝転がって大介さんを後ろから羽交い締めにする大森さん。サイクリングの旅から戻ってきた楽しげな大森さんと子どもたち……。どの写真からも子どもたちのにぎやかな声が聞こえてくるようだった。

子どもをおんぶしながら優しく微笑む大森さん。誕生日会だろうか、子どもたちの前でギター片手に歌う大森さん。それまでさまざまな関係者から在りし日の大森さんのことを取材してきた私たちだったが、このアルバムに触れることで実際に大森さんが眼前に立ち上がってくるような感覚を覚えた。子どもたちを愛し、子どもたちから慕われた往年の大森さんの姿を見る中で、改めて事件が奪ったものの大きさを痛感した。

分厚いアルバムの最後の方にあったのは大介さんが中学校の卒業とともに施設を出るときに撮った写真だった。花束を握りしめ涙を拭う大介さん、その傍らにはそっと寄り添う大森さんの姿があった。

アルバムを一緒に見ながら、施設で過ごした時間は、今、社会で自立をなし得ている大介さんにとってどんなものだったかを聞いた。

「今となっちゃ本当に大事な宝物ですよね。会える人もいればもう会えない人もいるし、連絡とれる人もいればとれない人もいるし。そういうことも含めてすごい懐かしい思い出ですよね。信也兄さんは、もう本当、父親以上の父親ですよね。どっか心の片隅とか頭の片隅に、何か信也兄さんがいるんですよね。『逃げんなよ』って。で、いつもそれで踏みとどまって20年っていう感じですね」

職を転々としていたAに起きていた「変化」

再びＡの足跡をたどる。

高校卒業後に就職した日本郵政を退社後、大森さんの後押しで新たな住まいを得、警備会社への就職が無事に決まったＡだったが、それ以後も一つの職に定着することはなかった。警備会社はおよそ１か月で、その次に就職した物流会社はおよそ10日で退社した。

これ以降、私たちの取材で明らかになっただけでも、新聞配達、食品工場、電機工場など、日雇い派遣の仕事も含めると少なくとも20～30もの職を転々としていた。この間、大森さんや施設の職員は、なかなか仕事が長続きしないＡを心配して、頻繁にＡに連絡をとっては相談にのり、安定した暮らしと社会での自立につながるよう支援を続けていた。

こうした中、２０１８年9月5日、ある出来事が起こる。Ａがアパートの周辺で暴れ、パトカーが現場に急行、複数の警察官が駆けつける事態となったのだ。この警察沙汰の一部始終を目撃していた住民の一人はこう証言する。

「最初なんか外からすごい音するなと思って、工事でもやっているのかなと思ってベランダから外を見てみたら男の人が一人、アパートの外でゴミ箱をすごい勢いで蹴っていました」

奇声を発しながらゴミ回収用のボックスを一心不乱に蹴り続けていたA。この住民は以前からAの行動が気がかりだったと話す。

「前々から外へ出てちょっと目が合うと睨まれたりとか、そういうのがあって、うち(家族の間)では気をつけた方がいいんじゃないと言ってたんですけど。それから、夜に叫んでいたりもしましたね。普通に奇声を発しているような。『わぁー』とかいう声だったと思いますね」

アパートの大家から連絡を受けたものの、Aとは連絡がつかなかったため、大森さんや施設の職員が現場に駆けつけた。しかしAは部屋の中に立てこもり、自宅に入ることを拒否。玄関先でやりとりすることになった。そのとき、Aはポケットに刃物をしのばせ、「壁に盗聴器が仕掛けられている」などと呻いていた。そして大森さんたちが入り口の隙間から部屋の中を見ると、壁一面、穴だらけだった。Aがハンマーを使って叩き壊していたのだ。Aの精神面での変化に懸念を抱いた大森さんたちは、他人に危害を加えるかもしれないと、警察に相談した。

大森さんたちに対応した警察官は、「23条通報」を検討した。「（精神保健福祉法）23条通報」とは、警察官が職務執行にあたり異常な挙動やその他周囲の事情から判断して、精神障害のために自身を傷つけ又は他人に害を及ぼすおそれがあると認められる者を発見したときは、直ちにその旨を最寄りの保健所長を経て都道府県知事に通報しなければならないというものだ。この通報を受けて診察を行い、必要性が認められれば、強制的に入院させる「措置入院」の手はずがとられることになっている。

大森さんたちも、Aには治療が必要と考え、入院できないか警察に提案した。しかし、警察が専門医に相談したところ、専門医は、「他人に危害を加えているわけではなく、そのくらいの症状では23条通報にはあたらない。現時点ではその必要性はない」という見解を示したため、23条通報が行われることはなかった。

なぜ「措置入院」が行われなかったのか。判断に関わったとみられる東京都に取材したところ、「個別の事案には回答を差し控える」として詳細は何も明かされなかった。

大森さんから相談を受けていたベテラン施設長 黒田氏の証言

アパートでのトラブルが起きた直後、大森さんがAへの対応について相談していた人がいる。複数の児童養護施設で施設長を歴任し、現在は、身寄りのない乳児を保護、養育する施設で施設長を務めている黒田邦夫さん（「愛恵会乳児院」施設長）だ。大森さんより20歳年上で、大森さんが児童養護施設の世界で厚い信頼を寄せる先輩だった。

「大森君は『今、元入所者の行き場がなくて困ってるんだ』と。要するに、警察に相談したが（措置）入院ができない、家庭にも帰せない。そういう中で、次の手がなかなか見えなくて困ってるんだという話でした」

相談を受ける中で黒田さんが驚いたことがあった。大森さんはAが壊した壁の修繕費110万円を個人で肩代わりしようとしていたのだ。

「大森君は保証人になってたから、全部自分で払う気でいたんですよ。当然自分が払うもんだと思ってたんだよね。それぐらいの覚悟で彼は保証人をやってたんだね。僕はそんなもの施設長が全部一々払ってたら、施設長のなり手がなくなるからやめておけと。単に個人の思いでとりあえずやれるだけやって、保証人になって弁償をする、払ってあげるというのは、それを何度も何度もできるわけじゃないじゃないですか。ですから、将来にわたっていろんな子に対応していかなきゃならないので、継続的にできるようなことを考えてやっていかなきゃだめだよと」

黒田さんは、アフターケアに注ぐ大森さんの思いの強さや覚悟を知っていた。制度と現実の狭間で常にぎりぎりの選択が迫られる難しいアフターケアの実情もわかるだけに、大森さんには少し冷静に考えるよう勧めたと証言する。

「児童養護施設は原則18歳までの子ども向けの施設ですから、いくつになってもずっと面倒を見られるのかというのはありますよね。『措置延長』で見てもらえるのは高校卒業後の2年間。要するに成人しちゃったらこの制度はもう使えなくなるんで。そこから先は本当は面倒を見てても見なくてもいいのに、大森君は保証人になっていたと。施設はAの母親に連絡をとっていたようだけど、母親はAを受け入れる余裕はないと。だから彼らは〝制度を超えてやっていた〟ということなんですね。どこまでを施設が責任を持って見るのか。見られない部分についてはどうするのかというのは常に問われる。個人でやれることと、組織としてやれること、あとは公的な制度でできること、それら含めて考えたほうがいいよと。単に個人の思いでとりあえずやれるだけやって、あとはできませんというふうにしないほうがいいだろうなとは思っていて。それで修繕費は大森君個人で処理するんじゃなくて法人として検討してはどうかと伝えたんです」

当時を知る学友　日永氏の証言

大学時代の応援団の同期だった日永純治さんは、このとき、施設の内部で大森さんによるAへの対応をめぐって慎重な意見があがっていたことを聞いていた。

「警察が介入するような事態になったので、これはもう手に負えないと、自分たちの手に負えないし、しかるべき機関もあるし、当然成人している子だから何とかもうそちらに任せようじゃないか、というようなことを施設の方が言われたと」

こうした意見に対し、大森さんはあくまでもみずからの手でAを支え、寄り添い続けることを主張したという。

「大森は『それは絶対だめだ』と、『うちの子なんだから、うちで面倒見なきゃだめだ』ということをはっきり言ったと。とても彼らしいなと思ったんですよね。大森は彼のことも自分の子どものように思っていたはずなんですよ、おそらく。それは自分が1回面倒を見た子だから、我が子をそうやって見捨てるということは、実の親から1回見捨てられているわけだから、2回も3回も見捨てることになるって。そんなことしたら人間もたないだろうって。1回見捨てられた子たちをその先でまた見捨てるということは、もうその子のことを完全否定していることだから、それは絶対にしないと言ってい て。だからこそ、（Aのときも）見捨てなかったんだろうなという気がしてならないんですよね」

大森さんがAへのアフターケアから手を引くことはなかった。

アパートの一件から1週間後、Aが住んでいた部屋の賃貸契約は解除された。

部屋の修繕費110万円は施設として肩代わりし、大森さんは自治体の福祉担当に相談を行うなどして新たな住み込みの仕事も仲介するなど、関与を続けていく。

大森さんの後悔と苦悩

ここまで大森さんをAのアフターケアに駆り立てたものとは一体何だったのか。

施設の子どもたちとわが子同然に向き合い、喜びや悲しみ、そして痛みなどの思いを、全身をかけて共有する。

社会的養護にかける大森さんの原動力については、若手職員のころに十分な支援を行き届かせられなかったことへの後悔の念があったことは既述した。

しかし私たちは、Aの社会での自立をめぐる大森さんの鬼気迫る姿の背後には別の何かがあるのかもしれないとの疑問を強く抱いていた。

18歳で突然自立を迫られる子どもたちの孤独に寄り添う大森さんの根源的な動機とは何なのか。テレビドキュメンタリーの放送後も、大森さんや社会的養護の関係者の元を訪ねてはその問いを投げかける日々が続いた。


2021年3月中旬、かつて大森さんと同じ施設でともに働いていた井上さん（仮名）が初めて取材に応じてくれた。

井上さんは大森さんが施設に就職した当時から、宿直担当のスタッフとして施設に関わり、のちに正職員になった。男性は応援団出身でひょうきん者の大森さんと馬が合い、仕事終わりに飲みに行くことも多かったという。

施設を退職した後は、子どもたちのアフターケアに取り組む団体などでの勤務を経て、今は関東地方の自治体で学童保育の運営に関わっている。

私たちは事件の後、別の関係者を介して一度井上さんと接触したが、しばらくの間、音信は途絶えていた。

事件から2年が過ぎたころ、井上さんの方から不意に連絡が入った。

「ご無沙汰しております。昨日、夢を見たんです。大森さんと私が昔のように施設で過ごしていて、2人で酒を飲みながら『今の施設の子どもってさぁ……』なんて盛り上がっている夢でした。大森さんからの虫の知らせのような気がして」

井上さんはこう述べた上で、これまで知り得なかった大森さんのエピソードを話してくれた。そこからは、大森さん自身の中で、施設で暮らし巣立っていった子どもたちに対するさまざまな後悔が折り重なるように積もっていたのではないかということがわかってきた。

私たちは井上さんに対し、大森さんがAの社会的自立を確かなものにしようと苦闘していたこと、何度も挫けそうになりながらもAのアフターケアに取り組んでいたことの経緯を説明していた。

すると井上さんはある事実を明かしてくれた。

「初めて話すんですが、ある子どもが施設を卒業した後に自殺をしてしまったことがありました」

亡くなったのは、当時25歳だった元入所者の男性だった。18歳で退所した後の自立がうまくいかず、社会で孤立し、精神的な疾患も発症していたという。

彼は両親の離婚がきっかけで施設に入所、高校卒業までの時間を施設で過ごした。

井上さんによると、男性は優しい人柄だったが、施設にいる当時から、人に強く言われると落ち込みやすい性格だったという。

「施設を出た後は大手スーパーマーケットチェーンに就職しました。でも職場になじめず上司との関係が悪化、すぐに出勤できなくなってしまったんです。私は職場に飛んでいって上司とも話したんですが、職場復帰は叶いませんでした。その後もいくつかの仕事に就きましたが長続きせず、転々としていましたね。気がつくと水商売にかかわるようになっていました」

ところが新たな職場でも人間関係のトラブルに巻き込まれてしまう。

そして退職後から心身のバランスを崩し、次第に精神的なケアが必要な状態に悪化していく。ほどなくしてまともに働けるような状態ではなくなり、気がつけば正常なコミュニケーションがとれなくなっていた。

井上さんや施設は、彼の生活状況や体調の変化などを逐一把握し、共有していた。

また男性とともに行政の窓口に同行して生活保護を申請し、受給にこぎつけるなど、アフターケアの手を緩めることはなかった。

ところが、一向に状況が好転しない中で取り返しのつかない悲劇が起きてしまったのだ。井上さんにはどうしても忘れられない心残りがある。男性と実父の関係のことだ。

「彼の親父さんとは連絡がとれて、彼が住む場所がなくなったときには（父親が）頑張って家を用意してくれたんです。狭いワンルームのアパートでしたけど。本来なら私がお金を工面するなりして彼を経済的に支えてあげたかったんだけど先立つものもなくて追いつかなくて。それで次第に彼は親父さんに連絡をとるようになったんです」

長年、施設の中と外で、離ればなれで暮らしていた父と息子。

男性は父親にすがりたい気持ちも強く、また金銭面でもサポートしてくれる存在に傾いていったという。

しかし、経済的な結びつきはすぐに芽生えても、大切な期間を別々に暮らしていた親子の間のわだかまりがほぐれるまでには時間がかかった。お互いに気持ちを理解し合い、信頼関係を築くのはたやすいことではなかった。

次第に父は男性に厳しく当たるようになったという。

「心を病んでいる彼に向かって『弱いお前がいけないんだぞ』とか言ったりして。彼からすれば叱咤されてばかりで、激励がないんですね。それが彼を追い詰めていってしまったんです」

井上さん、そして大森さんら施設側は、男性と繫がり続け、アフターケアに力を尽くしたいという思いと、経済的な支援は十分に果たしきれないという厳然たる現実の壁というジレンマに陥っていた。

「子どもに親が実在する場合、その親に対してどう立ち向かっていけばいいのか、どう子どもと付き合ってもらうように働きかければいいのか、わかりませんでした。経験不足というか、子どもを守る信念、勇気がなかったというのはありますね」

職員一人ひとりの善意に依拠する形で行われている退所後のアフターケア。井上さんへの取材では、薄氷を踏むような支援の実態に衝撃を感じざるを得なかった。

アフターケアを専門に行う自立支援コーディネーターが導入されたのは2017年のこと。施設では担当制を敷き、職員たちが各々の担当児童を継続的にみるものだというのが慣習だった。井上さんは、施設としてアフターケアを大切にしようと思っていたとしても予算面、人手の面でも組織として動くには限界があったと言う。

「どうしても現場（施設）にいる子が優先されて、出ていった子に時間が取れないので、そばにいてやれないことへのもどかしさはありました」


男性は冬のある日、自宅の一室で一人静かに亡くなっていた。

井上さんは、男性の葬式に参列した際、大森さんが喪失感に打ちひしがれ、何一つ言葉を発することができなかった姿を覚えている。

「葬式の日もそうでしたが、それ以降もあのことについて詰めた話をしたことはありませんでした」

子どもたちの幸せを第一に願い、責任感が人一倍強かった大森さんはこの一件をその後も胸の内に抱え続けていたのかもしれない。

男性と同じようにAもまた精神面の弱さを抱えていた。関東地方に実の母親も暮らしていた。大森さんはAを自ら命を絶った男性と重ね合わせ、最後の最後までアフターケアを追求せねばならないと思ったのだろうか。

井上さんはやや言葉を詰まらせながら、絞り出すように語った。

「大森さんはあの冬の出来事を思い出して、Ａの部屋の修繕費など、お金を出さなきゃと思ったんでしょうね。家族や、他の第三者に任せちゃだめなんだって。それって、施設職員としての責任とかを超越した、本当の『親心』なんじゃないかなと思います」

いまは社会的養護の世界から離れ、小学校の中で運営されている学童保育に携わっている井上さん。学校と自治体、そして地域社会が一体となって、その町に暮らす子どもたちの健やかな成長を支えていくための模索を続けている。

井上さんは取材の最後に再び「大森さんが出てきた夢」の話をした。

「大森さんが夢に出てきたおかげで亡くしてしまった彼のことも初めて話すことができました。大森さんの分まで、残りの人生をかけて子どもたちのために一生懸命尽くしていきたいと今日改めて思いました」

自治体はどう対応したのか

Ａに新たな住み込みの仕事をつなぎ、引き続きアフターケアに力を注いでいた大森さん。

私たちは、アパートでの一件が起きた後、大森さんがＡへの支援について相談した、東京都内のある自治体に取材を行った。

今回の事件において、前述の「措置入院」をめぐる判断とともに、この局面における自治体の対応が重要なターニングポイントだと考えたからだ。

庁舎の1階にある個室で取材に応じたのは、生活支援等を行う福祉担当の課長だった。アパートでの一件が起きた後、大森さんたちがAについて相談を持ちかけた部署である。

取材の冒頭、私たちは、相談から半年も経たないうちにAが殺人事件の容疑者となったことに触れながら、当時の支援状況について問うた。

すると課長は少し表情を曇らせながら、「個別の案件についてはお話しできません」と慎重に言葉を選ぶように答えた。その上で、「一般論として、社会福祉士資格を持つ相談員を配置し、支援の求めに対して適切に対応しています。個別の支援内容については緊急度にもよりますが、私どもの課や障害者を支援する課、児童福祉を担当する課などの関係部署を交えた『支援調整会議』を開いて検討しています」と付け加えた。

一方で、警察が駆け付けたとき、ポケットにナイフを忍ばせ、不審な言動を発していたA。そうした状況にある相談者をめぐって、所掌業務ではないにせよ、「措置入院」の必要性を提起することはなかったのか、疑問を投げかけた。

「個別の案件についてはお話しできませんが、あくまで措置入院の要否は東京都が所管する保健所と警察が判断するもので、私どもはその決定に従う立場に過ぎません。対応にあたった職員は、彼らの決定に沿ったということです。つまり私どもは関知しないいんですよ」

課長は、措置入院に関して〝横の連携〞はないと強調した。また、窓口には日々大量の相談案件が寄せられるため、最終的にはみずからが決裁するものの、すべての内容を把握しているわけではないと明かした。

取材によると、この自治体は大森さんたちから相談を受けた翌日にはAに新たな住み込みの働き口を紹介している。

Aが新たに就いた仕事は埼玉県内に営業所を持つ建設関係の企業である。

主に建設現場で発生した廃棄物の処理や工事車両の誘導といった軽作業を行う「雑工」などを依頼主の現場に派遣する企業だった。自治体からの要請を受けてAを雇用したこの企業の担当者は取材に対し、そのときの光景を次のように語った。

「僕がAを役所まで車で迎えに行って、この社員寮に連れてきたんですよ。今までどんな仕事してたの？　とか、これから現場に行ったときはこういうところが危ないから気をつけるんだよ、とか、社会保険には入ってんの？　とかいろいろと話しかけたんだよ」

日中、誰もいない社員寮の1階にある食堂で取材に応じてくれたこの担当者は、Aについて鮮明に記憶していた。

「とにかく寡黙でさ。こっちがいくら話しかけてやっても何もしゃべらなかったよ。暗い雰囲気だね。あの事件が起きたあと、テレビのニュースで流れてたでしょ？　あの感じだよ。まぁ役所が『引き取ってくれ』って押しつけてくる生活保護受給者とか、路上生活者、刑務所から出てきた人もいるし、いろんな人がいるよ。会話が成立しない人も多いしね」

他に何か印象的なエピソードはあったのか尋ねると、担当者は少し間を置いた上で、「だからさ、あんな感じでしょ。話がまともにできないわけ。うちに来てちょっと時間が経ったとき、『(体格が) たくましくなったねぇ』って声をかけても無言だったよ」と振り返った。

このころ、悪化を続けていたとみられるAの精神状態。しかし、行政の支援から切り離されてしまう中で、何らかのケアが行われることはなかった。

精神疾患の兆候がみられる相談者について、病院での治療を提案・支援するなど、医療面で自治体はサポートすることはないのか。先ほどの自治体の課長に取材した。

「相談の時点で本人の意向を聞き、主訴をつかみます。あわせて医療機関への通院歴も聞き、障害者を支援する課や、保健所とも連携して必要なケアを探ることになります。本人が働ける状況なのか、それとも精神疾患等を患っていて今は働けないのか。そもそも、しっかりと意思を示せる状態なのか。働けない場合には生活保護を勧めることになります」

課長によると、必要なケアについて検討した結果、治療を勧めたとしても強制力はなく、それに従うかどうかは相談者次第だという。

雇用してくれる企業につなぐ際、相談者の状況やそれまでの経緯に関する情報は共有されるのか。また、その後の支援はどのように行われているのだろうかと尋ねたところ、課長は次のように答えた。

「本人が希望していれば伝えますし、それが不利益になるようであれば伝えません。支援は生活困窮者自立支援法に基づいて、企業に紹介してから3か月間は1か月ごとに本人に後追いの電話をかけています。いわゆる『定着支援』の一環です。東京都の外に引っ越した場合でも、それは行っています。あまりに遠くの自治体に移り住んだ場合には、その自治体に情報共有するようにしています」

社員寮の部屋はもぬけの殻に

就職してから約3か月後の2018年12月上旬。

Aは埼玉県内にある勤務先の社員寮から失踪した。前出の担当者はこう明かした。

「とんこだったね。うちの会社では、車に乗り合って朝、現場に出て行くんだけど、出発時間が過ぎても出て来ないときは部屋に呼びに行く。で、部屋を開けたらもぬけの殻。それ見て、『あっ、とんこしたな』(『とんずら(逃げる)』→『とんずらをこく』の意)と。実際、そういうやつは多いからさ、Aもそういう感じだった」

突然、行方をくらませたA。部屋には何か痕跡が残されていたのかと訊くと、「いや、そんなのなかったよ。とんこはよくある話だからね。荷物があっても2、3日で捨てるよ」と担当者はぶっきらぼうに言った。

失踪から2か月あまりが経とうとするころ、勤務中に飛び込んできたのが事件のニュースだったという。

「営業車を運転中にラジオを聞いてたんだよね。そしたら『Aが逮捕されました』って流れてて、『えっ、あいつが?』と。そんなことをやる奴には見えなかったし、驚きましたよ。その後、テレビのニュースも見たときは、自分が役所から連れてきたときよりもだいぶ太ったなぁと思った。そんで、ニュースでは事件を起こす前にも『自宅の壁をぼこぼこに殴って警察に保護されてた』って知ってさ。役所はそんなことがあったって一言も言わなかったからね」

自治体がAに関する詳しい情報を共有してくれなかったことについては、「ひどいっちゃひどいけど、うちらの世界はそんなもんだから。所詮、押しつけられる存在なんだよ」と本音を吐露した。

「警察もここに来たよ。刑事さんに『随分のんびりしてますねー』と言ったら、『もう捕まってますんで』と言ってたね。あなたと同じようなことを根掘り葉掘り訊かれたよ。

彼の足取りを知りたかったんだろうね」

取材の終わり、Ａがその後、心神喪失を理由に不起訴になったことについて触れると、その事実を知らなかった担当者は驚いた表情を見せた。

「え、そうだったの!?　だからか……。警察からは『今後、法廷で証言してもらいます』と言われてたのに全然連絡がないからさ」


Ａの処遇について大森さんから相談を受け、建設関係の企業に紹介をした自治体。その担当課長も、企業の担当者同様に、Ａが不起訴になったことを知らなかった。住民の福祉を担う、最も身近な行政である自治体は、今回の一件を受けて支援のあり方の検討をはじめとした改善にむけた動きを進めているのか。前出の担当課長に問うた。

「そういった検討はしていません。児童養護施設を出た後の子どもたちに特化した支援の再検討もしていません。一方で、生活支援は、最初に関わった部署が中心になりがち。また、マニュアルもない中で、ケースごとに即時対応を迫られます。都や警察など外部機関との連携を強めていく必要性は認識しています」

社員寮から行方をくらました翌月までは大森さんたちと連絡がとれていたＡだったが、

その後、音信不通となり、足取りもはっきりしない部分が多い。わかっているのは、幾重にもわたるセーフティネットや福祉の網の目からこぼれ落ちていったAが、事件前、埼玉県内の複数のネットカフェなどで寝泊まりを繰り返していたことだけである。

そして2019年2月25日。早朝から降り続いた雨が止み、小春日和のあたたかな日差しが顔をのぞかせた昼下がりのことだった。

しばらく音信不通となっていたAが突然、施設に姿を現す。

最初に気づいたのが玄関の近くにいた大森さんだった。「おっ、どうした?」と声をかけた直後。Aはリュックサックから無言で包丁を取り出し、襲いかかった。

大森さんが倒れていたのは玄関のすぐ脇にある施設長室だった。十数か所を執拗に刺され、病院に搬送されたものの、まもなく死亡が確認された。

子どもたちに未来を見せたい。走り続けた23年間だった。

アフターケアの先に起きた事件　受け継がれる大森さんの遺志

志なかばで絶たれた大森さんの命。

残された人々は、何を思い、大森さんの遺志をどう受け継いでいくのか。

長年、大森さんと交流があった全国児童養護問題研究会会長の武藤さんは、時が経った今も、なぜあの事件が起きたのか、その答えをみずからの中で整理できずにいる。

「まだ大森君の話をすると、感情がこみ上げて言葉に詰まってしまうんですよね。本当に惜しい人を失いました。通夜で納棺された彼の顔を見たとき、『かわってあげたい』と。児童養護施設で暮らす子どもたちは親が当てにならないという状況で、一人で社会に出て生きていかなきゃいけない。みんなが助けてくれるわけじゃない中で、その孤独さみたいなところに負けてしまうことがあるんですよね。子どもたちをめぐる進学や就職の支援はかなり叶えられるようになってきました。一方で心身の障害を持つ子どもたちを医療的なケアに繋げながら支援していくことはまだまだ道半ばですよね。そうした子どもたちのことを『すでに退所したんだからもう知らない』というわけにはいかないのは言うまでもありません。私たちは退所した子どもたちにどこまで、どうやって、いつまで支援するべきなのか。二度と同じ事件が繰り返されないよう考え続けなければならないと思います」

事件が起こる半年前に起きたAが住むアパートでの一件。

その直後に大森さんから相談を受けていた黒田さんは、あのとき、適切な対応をとることができなかったことの後悔を拭いきれずにいる。施設の子どもたちの間には、幼いころからの成育環境が影を落とし、心の病を患っているケースも少なくない。黒田さんは、施設職員や関係者を対象とした研修会を企画するなどして、誰一人取り残さないための処方箋を探り続けている。

「Aがちゃんと治療を受けられるよう、入院させるべきだと大森君とも話したんだけれども、行政は『単なる被害妄想だから入院させる必要ない』と。それで仕方なく住むところがついてる会社に就職させたと。私はどうしてもそこに戻ってしまう。あそこでちゃんと治療を受けさせておけばこうはならなかったろうなという思いがものすごく残ってるんです。今でも、『あのとき……』っていう思いはあります。厳しい境遇のもとで心を病んでしまった人に対して誰がどういうふうにかかわったらいいのか。制度的な裏づけがない中、〝善意のある人が善意で支える〟という状況をどう改善するか。大森君が残した重い宿題だと思っています」

大森さんとともに、施設を出た子どもたちの自立支援に取り組んできた早川さん。事件の後も変わらない若者たちを取り巻く厳しい状況と向き合い続けている。

「私は大森さんとよく話していたんだけれども、子どもにはとにかく罪がないっていう。悪いことは悪いし、ダメなものはダメだけど、子どもの発達っていうのは、社会とのかかわりにおける反応の過程なので。どこまでいっても我々は子どものせいにはできないですね。だからAは、我々の力が及ばなかったからこういうことになったんだと思うし、こういうことになるからアフターケアはやらないほうがいい、あそこまでかかわらなきゃよかったんだって思うような人間はこの仕事を選んじゃいけない。こんな事件が起きたからこそ、なおのこと我々はもう一回気を引き締めて、本気で子どもたちに向き合っていかないといけないんだと思います。これね、結構みんな口々に言うんですけど、自分がちょっと困った状況とか迷ったときに、大森さんだったら何て言うかなって考えちゃうんだよねって。彼の独特の物の見方、考え方っていうのは、みんなの中にすでに内在化しているみたいで。いなくなったけど、これからも大森さんは私たちの中にいるんだと思います」

大森さんと大学時代、応援団の同期だった日永さん。あの事件の後に始めたことがある。子どもたちに無料で食事を提供する「子ども食堂」だ。

実は2018年、大森さんに影響を受けNPOを立ち上げた。子どもたちの将来を支援したいとの思いを新たにしている。

「ああ、大森は、こういうことをやっていたんだなということが、よくわかるようになりましたね。Aが犯した罪を許す気はもちろんないんだけども、彼個人に対してどうしても怒りの気持ちだとか恨みだとかを持てないんですよね。誰もが目を向けなくなってきている社会の本当に弱い部分に対して、彼（大森）はもっと目を向けろということを、襟首つかんでこっちに向けようとしているわけですよ。彼は聖人君子でも何でもないし、そんな優れた人間でもないということは大学時代を一緒に過ごした僕らが一番わかっているんですよ。そんな普通の彼が子どもたちのために本当に一生懸命頑張っていたんだということを、一番彼のことを知っている僕が発信しないとね、彼の頑張りが報われないと思って、これからも子どもたちを支える取り組みを続けていきます」

「助けて」と言えないほどに追い詰められたAの絶望と孤独

施設にいたときも、施設を出たあとも、気がつけば大森さんに支えられてきたという大介さん。みずからと同じ境遇にいた人物が大森さんの命を奪ったことについて言葉を絞り出すように語った。

「施設から電話かかってきても何かうまくいってないことを話すのが嫌だ、仕事もだめ、人間関係もだめ。ネットカフェとかそこら辺で寝泊まりしてて、自分が何でこうなったのかっていう逆恨みですよね。それが施設に向かったっていうのが、納得いかねえって言えば納得いかねえですけど、わかんないです。一歩間違えれば俺だってそうだったかもしれないし。刺すことはなかったろうとは思いますけど」

大介さんは、Aが大森さんという伴走者を持ちながらも頼ろうとしなかったことに悔しい思いを持っていた。

「信也兄さんがいたんだから、信也兄さんに言えばよかったんですよね。『もう俺だめだよ』っていうことを。したら、信也兄さんのことだから見捨てることは絶対しない。じゃあ、また何か新しい仕事を探してみようか、的な感じで絶対やってくれたと思うんですよね」

もしかしたらAは、頼ろうとしなかったのではなくて、頼れなかったのかもしれない。Aは「助けて」と素直に言えないほどの絶望や孤独の中にあったのかもしれない。

私たちは人と関わり、支え合いながらでしか生きていけない生き物だ。にもかかわらず、それまでの生い立ちや周囲の環境の中で、人との関わり方さえも十分に涵養できないまま社会での自立を迫られる施設の子どもたちもいるという現実を目の当たりにした。

大介さんは2018年に父親になった。

コロナ禍が長引く中で建設業界も休業が続いている。取材の場には、ご夫人と、3歳の一人息子も連れてきてくれた。色白で目鼻立ちがくっきりした、父親に似た愛らしい男の子だった。

「信也兄さんに（息子を）抱っこしてもらいたかったんですけどね。本当それが心残りですよね」

子を持つ親となった今、みずからに誓っていることがある。

「信也兄さんの〝逃げるな根性〟、自分の息子にも教えてあげてもいいんじゃないかと思います。おれも信也兄さんみたいな人になってみたいですよね。子どものことをすごく一番に大事にする人になってみたいですよね。そこまで子どもに、何ていうんですかね、全力投球で向かう人になってみたいですね。なれたらいいですけど」

大介さんはそう言って、照れくさそうに笑っていた。

改めて　いま大森さんの家族の思いは

児童養護施設で暮らす子どもたちを思い、文字通りその人生を全力で「応援」し続けた大森さん。残された家族はどのような思いでいるのだろうか。

大森さんの妻が検察審査会に提出していたAの不起訴決定をめぐる異議の申し立て。真相の解明を求めるこの申し立てに賛同する署名の数はおよそ1万筆に達した。

一旦は「不起訴不当」の判断が下され、検察による再捜査が行われたものの、2020年4月に再び「不起訴」の決定がなされた。

事件の背景に何があったのか。Aはなぜ大森さんに矛先を向けたのか。

この間、ずっと事件と向き合い続けてきた大森さんの妻。

信也さんの一周忌を終えて、改めてその胸の内を手記に綴ってくれた。

「この1年はあっという間でしたが、事件は遠い昔のことのように感じることもあります。今は子どもたちや周囲の人たちの支えもあって忙しくも穏やかな日々を過ごしています。

ただ1年経っても悲しみが薄れることはなく節目節目で気持ちは当時に引き戻されます。この気持ちはずっと抱えていくことになるのだろうと思います。

入職当時の大森は学生時代応援団だったということもあり、体力と根性が売りでした。休みにはエネルギーがあり余る中・高生男子をサイクリングやキャンプ等に連れて出てくれて、元気な男性職員が入ってくれたなあと思っていました。

子どもたちへの向きあい方について、その子のそれまでの人生を尊重する気持ちをもって向きあうことが大事だとよく言っていました。

若いころはがむしゃらにぶつかりあいながらやってきて、それで良かったこともあったけれど、失敗もたくさんしたと。その経験の中で実感した事だったのだと思います。

信念というほどのものではないかもしれませんが、ひとことで言うと『ありがとう』と『ごめんなさい』。子どもによく教える言葉ですが、大人こそがちゃんと言えなくてはと言っていました。

『ありがとう』～生きていることへの感謝。生んでくれたことへの感謝、生まれてきてくれたことへの感謝。自分の命を大切に。人の命も大切に。命は一つ。人生は一度しかない。

『ごめんなさい』～人は失敗するもの。そこから成長するもの。自分が間違ったとき、後からでもそれに気づけたとき、きちんと謝って、反省して次につなげることが大事。

こういう思いが含まれているのだと今思います。

本人が遺したというよりも、やり残してしまったことがたくさんで、本当なら一緒に取り組んでいくはずだったさまざまな事ができなくなり、皆さんに申し訳なく、無念に思っていることでしょう。

『各地で懸命に生きている施設を巣立ったかつての子どもたち。今現在暮らしている子どもたち。そこで支援している職員の方たちをどうか温かく静かに見守ってほしい。

そして、この世が、実直に生きている人が報われる社会であってほしい。それを作っていく為に皆で考え、行動してほしい』と願っているのではないかと思います」

都内にある大森さんの自宅。陽光が射し込むリビングの壁際には、食卓を囲む家族を見守るかのように真新しい仏壇と優しく微笑む大森さんの遺影がある。そのそばには大森さんのご遺骨がそっと置かれていた。

「どんな子どもも幸せでいてほしい」

強い信念のもと、家族同然に施設の子どもたちの自立に心血を注ぐ日常を突然、断ち切った今回の事件。ご遺族の悲しみは癒えることはない。

Aのその後……

医療観察法に基づき、社会復帰に向けて都内の病院で入院治療を続けているというA。Aに関する情報はほとんど開示されていないものの、医師や看護師、精神保健福祉士など専門のスタッフが治療にあたっているとみられている。関係者は取材に対し、Aは事件から1年半が過ぎたころから、みずからが及んだ凶行の意味を理解できるようになってきたと語った。今後は、犯した罪に対する内省を深めるプログラムを受ける見通しとなっている。

また別の関係者によると、Aの実母はわが子を育てきれなかったことへの自責の念、そして彼が恩師をあやめたと聞き、精神が不安定な状態に陥ったと明かした。そして、医療関係者などに顔を合わせるたびに、「ごめんなさい、ごめんなさい」と謝り続けているという。

医療観察法に基づく入院治療は、1年半が標準的な期間とされる。

その後、病状が改善し、本人の生活能力と環境が整い次第、裁判所の許可が得られれば、地域社会で暮らし始めることになる。


大森さんの妻が、私たちの取材に対して繰り返していた「願い」は二つだった。

Aには治療を受けた上で、過ちを直視し、罪と向き合い、償いの気持ちを忘れずに更生の道を歩んでほしいという願い。

それは常々、大森さんがよく語っていた「人は失敗するもの。間違いを学ぶことで成長するものなんだよ。自分も思い出すと恥ずかしいことばかりやって、たくさんの人に叱られ、許してもらってきたからね」という言葉からだ。

もう一つは、命を奪うという犯罪の重さを認識してほしいという願いだ。

大森さんが楽しみにしていたわが子の成長、休日のパパバレーや神輿担ぎ、ウルトラマラソンへの参加、家族そろっての山登り。そして、施設や施設の子どもたちの未来を仲間とともに語り合い、より良き児童養護を目指そうとしていた志をある日突然奪い去った殺人。「一瞬にして一人の人間に詰まった未来を断ち切ることの重大さ、命の尊さをAにはわかってほしい」と大森さんの妻は訴える。

いつの日か、こうした切なる願いがAの元に届く日は来るのだろうか。

私たちは、1日も早く、その日が来ることを願ってやまない。

第4章

施設の子どもたちが陥る苦境

〝原則18歳で退所〟の代償

退所後の子どもたちが陥る苦境

虐待や親の病気、死別などさまざまな事情から家族と離れて暮らす児童養護施設の子どもたち。彼らにとって施設とは我が家であり、職員は親代わりとなって、身の回りのことから精神的なケアまであらゆる面での支えとなってくれる存在だ。

そうしたいわば〝守られた〟生活から「原則18歳」という区切りを境に突然切り離され、社会での自立に歩み出すことを迫られる子どもたちが直面する現実とはどのようなものなのか。

前章では、大森さんの命を奪った元入所者Aと、大森さんから長きにわたって支えられてきた大介さん（仮名）の歩みを通じて施設を〝卒業〟した後に子どもたちを待ち受ける厳しい現実に触れた。

本章では、私たちが取材を進める中で得た情報に基づき、「原則18歳で退所」の実態についてさらに詳しくみていきたい。

	平成21（2009）年度卒 ※平成22年５月１日現在の進路		令和元（2019）年度卒 ※令和２年５月１日現在の進路	
	児童養護施設	全高卒者	児童養護施設	全高卒者
大学等	13.0%	54.3%	17.8%	52.7%
専修学校等	10.1%	23.0%	15.3%	21.5%
就職	67.1%	15.7%	58.8%	18.3%
その他	9.8%	7.1%	8.1%	7.4%

児童養護施設　進学・就職の状況　10年間の比較

厚生労働省「社会的養育の推進に向けて（令和３年５月）」、「社会的養護の現状について（平成23年７月）」より作成。https://www.mhlw.go.jp/bunya/kodomo/syakaiteki_yougo/dl/11.pdf

児童養護施設を退所する子どもたちは、その後どのような歩みを踏み出すのか。

厚生労働省の調査によると、高校への進学率はすべての中学卒業者が98・８％に対して、施設の子どもたちが94・９％（いずれも２０１９年度卒）と、大きな差異はない。

しかし、すべての高校卒業者における大学等への進学率は５割を超えているのに対して、施設の子どもたちは17・８％にとどまっている。10年前は13％だったことを考えると、わずかに進学率は高まっているとは言え、依然として施設の子どもたちの進学率は低い水準にとどまっていることがわかる。

児童福祉法で定められた「原則18歳」までの養育措置という規定によって、進学か就職のどちらかの選択を迫られる子どもたち。

厚生労働省は、「生活が不安定で継続的な養育を必要」と判断した場合には、20歳まで引き続き施設で暮らすことも可能としている。また大学等への進学者の増加をふまえ、2017年4月1日からは、22歳の年度末までは同法で定められた別の施設（「自立援助ホーム」）で暮らすことができる制度も開始した。

しかし、実際に措置延長を認められた子どもは、施設で暮らすすべての18歳の子どものうち20・3％（2020年）というのが実態であり、多くの子どもたちが社会での自立を求められている。

それでは、ここからは子どもたちの「自立」に待ち受ける現実をみていく。

「生きている意味がない」。自殺未遂へ

「私はもう過去に戻るのは無理だけど、これから施設で育っていく子どもたちに私と同じような苦しい思いはしてほしくないんです」

愛美さん（取材時22歳・仮名）はそう話し、私たちの取材に応じてくれた。

愛美さんが施設に入ったのは小学生のとき。母親から殴る蹴るの暴力が日常的に行われていたある日、近所の人からの通報を受けた警察が駆けつけた。愛美さんは一時保護

されることとなり、その後、児童養護施設で暮らすことになった。

施設で暮らし始めてからも、愛美さんは定期的に、自宅に一時帰宅していた。そのたびに母親からは暴力をふるわれた。さらに、父親と2人きりになると性的虐待を受けるようになった。

「父親から性的な虐待を受けていたことはずっと誰にも言えずにいました。体を触られているとき、気持ち悪いなと思っていたけど、父親から『お母さんに言うな』と言われていたから、これは悪いことなんだと思って誰にも打ち明けられませんでした」

本当は一時帰宅をしたくないと思っていたが、愛美さんには周囲の顔色をうかがう癖があった。施設の職員や両親を前にすると、嫌だと口にすることはできなかった。面倒なことを言って嫌な顔をされたり、トラブルになったりするのが怖かった。施設の職員から、自宅に帰ったときのことを深く聞かれることはなかった。もし、そのときにちゃんと聞いてもらえていたら話すきっかけがあったかもしれないと今となっては思う。でもそのときは本当の気持ちを心の奥底にしまったまま、何事もなかったかのように生活するしか方法がなかった。しかし、虐待の経験は愛美さんの精神を傷つけ、静かに蝕んでいた。

施設には、カウンセリングを担当する臨床心理士が定期的に訪れていた。カウンセリングと言っても、基本的には施設での生活に関する近況報告を聞き取るだけ。両親から受けた虐待のことや今の気持ちについて時間をかけて耳を傾けてくれることはなかった。

「私もたまに物を盗って怒られることはあったけど、大きい問題は起こさなかったので、トラウマを抱えていることに気づいてもらえなかったのかもしれません」

愛美さんは、どちらかというとおとなしい子ども時代を過ごした。なるべく普通の家庭の子どもと思われたかった。「施設の子はばかだよね」と平気で言う同級生がいて、施設にいることは恥ずかしいことなんだと思っていた。高校生になり、進路を決めるときには、自分のように虐待を受けた子どもを助ける仕事につきたいと考えるようになった。保育士を志して大学に進学することを決め、20歳まで施設で暮らすことができる「措置延長」が認められた。

そして、大学に通っている途中に成人を迎えた愛美さんは、施設を退所。残りの学生生活は一人暮らしをしながら過ごすこととなった。初めての一人暮らしに期待と不安が入り交じる中、愛美さんの心身に異変が現れ始めた。

「施設を出てから、虐待のフラッシュバックをするようになりました。母親に殴られたことや、言われたこととかを急に鮮明に思い出してしまうんです」

母親から殴られて殺されそうになったこと。そのとき感じた恐怖。

「あんたなんか産まなきゃよかった」という母親の言葉。

幼いころのつらい記憶が、いくつも脳裏に浮かび、愛美さんを苦しめた。

「なんで私はここにいるんだろう。死にたい」

施設にいるときは、常に誰かがまわりにいる状態だったので、嫌なことがあってもすぐに気を紛らわせることができた。

でも一人ですごしていると、よくないことばかりが頭に浮かんで、とめられない。

これまで感じたことがない深い孤独が愛美さんの心を覆っていった。

孤独を紛らわせるために、誰でもいいからそばにいてほしいと思うようになった。

道ばたで声をかけてきた男性や、出会い系アプリで知り合った男性と過ごすこともあった。男性と体の関係を持つことで、「自分が必要とされている」と感じることができた。

しかし、依存した相手に裏切られたことで、精神的にさらに追い詰められていくという悪循環に陥っていった。

「もう自分は生きている意味がないんだと思うようになり、アルコールの大量摂取や自傷行為を繰り返しました。町なかをふらふらと徘徊していたところを警察に保護されたこともありました」

警察で病院に行くよう勧められた愛美さん。医師からは精神疾患の診断を受け、処方薬を飲むようになってからは、以前のような自傷行為などは落ち着いている。ようやく周囲の友人にも自分の過去を少しずつ話すことができるようになった。しかし、不意に強い孤独や不安に襲われ、衝動的に処方薬を大量摂取してしまったこともある。トラウマケアに詳しい医師の治療を受けたいと考えているが、金銭面からまだ踏み出せずにいるという。

「こんなにひどい状態になる前にもっと早くから本格的な治療を受けられていればよかったと思います。施設を出た途端、自分でも驚くくらい身近に頼れる人が突然いなくなってしまいました。頼れる人と繋がりを持ち続けられたらと痛感しています」

現在は、一時休学していた大学に復学。周囲の支えをえながら、みずからの過去と向き合い、前に進もうと懸命にもがき続けている。

誰にも頼れず、振り込め詐欺グループへ

家庭環境は常に一定ではなく、両親の離婚、引っ越し、病気、事故など、さまざまな理由で突然変化が訪れることもある。10代で、突然親が目の前からいなくなったとき、その先をどうやって生きていくのか。その重みについて考えさせられる取材もあった。

２０１８年、振り込め詐欺の「アポ電」（家に現金があるかどうかを確認するために身内を装ってかける電話）から強盗につながるケースが都内を中心に相次いで発生。これまでも、振り込め詐欺グループは少年などをうまく取り込み、「受け子」や「出し子」と呼ばれる現金の受け取り役、いわば最も逮捕されるリスクの高い末端のメンバーとして使っていることがわかっていたが、さらに、ＳＮＳ上でも「闇バイト」などと称して詐欺や強盗の実行犯を募るようになっていた。私たちは取材班をつくって、これまで詐欺グループとは無縁だった人までとりこまれ始めている実態を調べていた。

実行犯を集める「リクルーター」や、詐欺グループの関係者を取材していたときに出会ったのが、かつて詐欺グループにいたという拓海さん（取材時21歳・仮名）だった。拓海さんは10代のころに詐欺や強盗などの容疑で逮捕され、２年間、少年院にいたという。現在は犯罪に関わっておらず、経験談なら話してもいいと待ち合わせ場所に現れた

拓海さんは、同級生は大学生という年代にもかかわらず、その口調はあまりに落ち着いていて、達観しているようにも見えた。

「最初のころは罪悪感もありましたよ。お年寄りが必死に貯めたお金を根こそぎ持って行くわけですから。お年寄りの中には弁当を作ってくれる人までいるんですよね。そういうときはさすがに悪いなという気持ちになりました。でも僕らとしても生きるため、生活のためにやらざるをえなかった。やらなきゃ食べられなかったんです。どこも雇ってくれるところなんてなかったし、まっとうに働くという選択肢は僕にはなかった」

なぜ振り込め詐欺に加担したのかたずねると、生い立ちを語った。

拓海さんの母親はシングルマザーだったが、拓海さんが幼いころに違法薬物の売買で逮捕され、刑務所に服役することになった。ほかに頼れる親族のいなかった4歳の拓海さんと2歳の妹は、児童養護施設に入所することになった。そして拓海さんが中学を卒業するころに、母親が出所。拓海さんは母親の記憶はほとんどなかったものの、施設よりも母親と暮らすことを選択した。母親の恋人も一緒だった。まだ中学生だった妹は施設に残し、16歳のときに誰も知っている人がいない土地に移り住み、母親の恋人が社長を務める会社に就職した。

しかし、新しい生活が始まったわずか1年後、母親と恋人が再び逮捕されてしまう。17歳だった拓海さんは母親も仕事も同時に失うことになった。暮らしていた施設からは離れてしまって頼ることができない。生活のためにすぐにでも働かなければならないが、つてもない中卒の拓海さんを雇ってくれるところはそう簡単には見つからなかった。家賃すら払うことができないと途方に暮れていたときに、地元の先輩が手を差し伸べてくれた。「お金になる〝仕事〟がある」。紹介されたのは、詐欺の「受け子」として働くという〝仕事〟だった。

「とにかく生活のためにお金が必要だったので、抵抗はなかったですね。とりあえずスーツを着て〝仕事〟に行って、たまたまその日に成功して185万、一気にもらって。でもそれを一気に使ってしまって、なくなったらまたやって、という感じでした」

拓海さんにとって、困っているときに唯一手を差し伸べてくれたのが、地元の先輩だった。払えなかった家賃を代わりに払ってくれて、電気・ガス・水道がとまってしまったときは先輩の家でカレーを食べさせてくれた。たびたび銭湯にも連れて行ってくれた。その存在は親以上で、信頼できる存在であり、詐欺に加担することは、拓海さんにとっては日々の生活のため、当たり前のことでしかなかった。しかし、徐々に金銭感覚が狂っていった。

お金やキャッシュカードを受け取る「受け子」の次は、だまし取ったキャッシュカードを使ってATMでお金を引き出す「出し子」を半年ほど務めた。出し子の〝給料〟は毎月60万円。そこでの実績が認められて、次は、「受け子」や「出し子」を集める「リクルーター」に昇進。このころには、詐欺だけでなく、銀行口座の売買の〝仕事〟も始めた。1枚2万円で仕入れて、10万円から12万円で販売。差額が利益となり、毎月30枚ほど取引をして数百万円の売り上げがあった。「リクルーター」の報酬をあわせると、1年で5000万円を手に入れたこともあった。当初は生活のために始めた〝仕事〟だったが、そのお金で豪遊するという楽しさを覚えると、抜け出せなくなっていった。

詐欺グループには100人ほどのメンバーがいて、入れ替わりも激しかった。新たにメンバーが加わる際には、〝採用面接〟も実施していた。拓海さんも〝面接官〟を務めたことがある。面接で事情を聞くと、親が捕まっただけの自分はまだいい方だと感じることもあった。

「親がいなくなった子、そもそも家がない子、あとは、もめ事を起こしたら不良が出てきてお金を請求された子とかいろんなパターンがいましたね。普通に暮らしてる人からしたらわからないかもしれないけど、それができない子からしたら、ただ普通の生活を手に入れたいだけなんですよ。結局若いと雇ってくれるところがない。アルバイトだけでは食べていけない。生きるため、生活するために始めるんです」

拓海さんは最終的に詐欺グループの上層部である指示役へと昇進。20人くらいの少年の管理を任されるようになり、毎朝起床確認のための電話をしたり、〝給料〟の管理をしたり、時には飲みに連れ出したりして面倒を見ていた。逮捕されるリスクと常に背中合わせだったため、「自分の身柄をかけて〝仕事〟をしている」という緊張感を常に持ち、一生懸命働いていた。

「笑われるかもしれないけど、毎日朝礼とかやって、『きょうも頑張ろう』って言いながらみんな死ぬ気でやっていました。確かに悪いことかもしれないけど、『自分の家族を食わせたい』とか、『大切な人に美味しいものを食べさせたい』とか、ゴールは一緒なんですよね。まじめにやればいいっていうものでもないし、まじめって一体なんなんだろうっていうのが自分にとって疑問に思っていたことです」

拓海さんはその後、強盗事件にもかかわり、逮捕された。

一番困っていたとき、頼ることができる親や親族がいなかった。学歴もツテもなく、働く場所が見つからなかった。社会から見放され、生活が脅かされそうになったとき、唯一手を差し伸べてくれた人がいて、信頼関係を築くことができたとしたら。犯罪に手を染め、罪のない被害者の財産を奪い、苦しめたことは決して許されることではないが、生きるためにそれしか選択肢がなかったという、拓海さんをそこまで追い詰めた社会の側の責任も見過ごしてはならないと感じた。

児童養護施設を出て一人きりになったとき、身近に頼れる存在がいない中で、反社会的勢力に接近してしまう――。そうした実態はたびたび取材で耳にした。関東地方のある施設関係者から聞いたケースはこうだ。

中学1年のとき、施設に保護された男性。当時、万引きや家庭内暴力など日常的に繰り返される非行に耐えかねた親が児童相談所に駆け込んだことがきっかけだったという。

この男性は、施設に入ってからも、施設内部のいわゆる〝やんちゃ〟なグループや、通学先の中学校にいた不良グループとつるんでいた。中学卒業後は高校に進学せず、建設関係の仕事に就職した。

しかし、職場でのささいな人間関係のトラブルからすぐに退職。その後、いずれの仕事も長続きはせず、転職を繰り返した。そして次第に、以前から接点があった不良グループとの交友関係が深まるようになった。男性は、20歳を過ぎたころには指定暴力団の構成員になっていたという。

それまでは、年に一度は同じ時期に施設で暮らしていた元入所者の仲間たちと連絡をとり、時には食事会に参加することもあった男性。暴力団に加わってからは音信不通となり、今では誰一人として男性の行方がわからないという。

施設関係者は「組織内のトラブルに巻き込まれて、命を落としたのではないかと思う」と明かした。

たらいまわしの挙句、刑務所へ

施設退所後の自立がうまくいかず、暮らしが立ち行かない元入所者をどうサポートしていくのか。身寄りのいない社会的養護の経験者たちは孤独感の中で絶望し、生きていくことをあきらめるケースも少なくない。

この重い課題に向き合っているのが、既述したアフターケア相談所「ゆずりは」所長の高橋亜美さんだ。大森信也さんとも連携し、元入所者の支援を行ってきたこの分野のエキスパートである。高橋さんがこれまでにアフターケアの支援に取り組んできた事例を紹介していく。

幼いころに両親を亡くし、児童養護施設に入所した東北地方の男性（当時20歳）。18歳で退所したあと、窃盗の容疑などでたびたび警察に逮捕されてしまう。男性には唯一頼ることができた身寄りとして親戚の女性がいた。男性が逮捕される度に親戚の女性がフォローしていたが、どれだけ経っても再犯は止まらなかった。

男性は、みずからが育った〝実家〟とも言うべき出身の児童養護施設に相談した。すると、驚くことに施設のスタッフは「退所者の相談は、うちでは責任をもって受けられないし、そんな余裕もない」とけんもほろろだったという。

男性は、落胆を隠せないまま、役所に支援を求めた。ところが、今度は「児童養護施設出身なら、出身施設で対応してもらってください」とはねつけられてしまう。

いわばたらいまわしにあった男性は再び罪を犯し、ついに懲役刑が科せられ刑務所に収監される。

それからほどなくして、新聞記事で「ゆずりは」の活動を知った男性の親戚の女性が、高橋さんのところに電話をかけてきた。ただ一人の身寄りだったという女性は男性の出所後の社会復帰と自立を強く願い、高橋さんたちによるアフターケアを希望した。児童養護施設や役所からサポートを拒絶された男性にとって、「ゆずりは」が最後の頼みの綱だった。

男性は服役後、「出所してもどうせ再犯を繰り返すのだろう」と自嘲的な感情に襲われていた。女性からのＳＯＳを受けて、高橋さんたちは即座に動き出した。

まずは服役中の男性に対し、面会を実施。また差し入れを行うなどして、自らの再犯の懸念を抱く男性の精神面のケアに力を入れた。そして手紙のやりとりを重ね、男性の思いを汲み取り、信頼関係を構築する中で再起を促していった。

高橋さんのところに届き始めた男性からの手紙。

「全部親のせいにしたくはないけど、おれが犯罪をやめない、やめられないのは親のせいだ」

「親から愛されなかったことがつらかったんだ。そのせいでおれはおかしくなったんだ」

手紙の文面は、自身の生い立ちと境遇に対する怨嗟の声があふれていたと高橋さんは記憶している。

「こんなおれでも生きてていいんでしょうか、というような、自分を責めるような内容も多かったですね。自分がどうすることもできないことで一人の人間の人生を狂わされたことへの途方もない、やり場のない怒りが綴られていました」

高橋さんは男性の筆舌に尽くしがたい感情を必死で受け止めていた。

「あぁ、そういうふうに思わなきゃ気持ちがもたないのかなって思いましたね。とにかく今は自分はこれがつらかったんだ、苦しかったんだっていう気持ちは大切にしてあげていいんだよって返信を続けていましたね」

次第に男性からは、「刑務所から出たら正しく生きられる人間になりたい」「福祉の勉強をして社会の役に立つ人間になりたい」という言葉も出るようになった。一文字一文字を丁寧に書き上げた手紙からは、親への思いや優しさもみられるようになっていった。

しかし、刑務所を出所した後、高橋さんは男性と連絡がとれなくなってしまった。彼が今どこで何をしているのかはわからないという。退所後支援の難しさを物語るエピソードだ。

誰にも相談できず……　カードローンで多重債務

18歳での施設からの退所は、衣食住をさまざまなスタッフに支えられていた暮らしから、ある日を境に、自分一人で日常生活を切り盛りしなければならなくなることを意味する。家庭からの独り立ち。それは誰しもが人生で一度は経験する壁でもある。しかし身近に頼れる存在がいなかったとしたら、それはより高い壁となって立ちはだかることになる。

次に記すのも、「ゆずりは」の高橋さんが以前、支援にあたった事例だ。生活になくてはならないお金にまつわる問題である。

その女性（当時22歳）は、18歳で就職とともに児童養護施設を退所。

2年後、成人した女性はクレジットカードを持ったことがきっかけで思わぬ事態に直面していく。初めて手にしたカードは、経済的に恵まれて育ってきたとは到底言えない女性にとって打ち出の小槌のように思えたという。

金遣いが荒くなり、精神的な弱さもあいまって徐々にエステの利用や絵画の購入などの勧誘を断りきれなくなった。女性はそのたびに多額のカードローンを組んでしまう。

借金は雪だるま式に膨れ上がり、４００万円を超えていった。そのことをつまびらかに相談できる相手がいない中で、高金利のローンを支払い続けていたのである。

もっとも、出身の児童養護施設との関係は良好だったと語る女性。

しかし借金をこしらえてしまったことの後ろめたさゆえに、〝世話になった施設には迷惑をかけられない〟という思いが先行し、この事実を言い出せなかった。

女性はインターネットで児童養護施設退所者の借金問題を検索している中で「ゆずりは」の支援活動を見つけ、高橋さんのところへ連絡してきたという。

そして高橋さんたちはすぐに女性と面会。弁護士の力を借り、女性の自己破産手続きを行った。

社会保障が性産業に敗北する

頼れる人もおらず、十分な貯蓄もなく、学歴等が壁となり就職先も限定されてしまう。私たちの取材でも、安定した暮らしを下支えするために必要な経済的な余裕を持てないという悩みを元入所者から聞くことは多かった。

高橋さんは、そうした環境の中で、施設を出た子どもたちは次第に追い詰められていと指摘する。高橋さんのこれまでの支援内容を振り返ると、20歳前後でホームレス状態に陥ってしまった若者の多くは親や家族を頼ることのできない環境にあり、児童養護施設等を巣立った若者も例に漏れない。そして男性に比べて女性が住まいを失ってしまった場合、さらなる苦境が待ち受けている。

「ネットカフェを転々としたり、公園で寝泊まりしたり、男性の場合はそれで耐えられます。一方で、女性の場合は、外で寝泊まりすることはできないので何らかの形で出会った異性のもとに身を寄せるか、従業員寮が付いている水商売や性産業で働くことになるケースが多々あるんですね」

以前、高橋さんが支援にあたった20代の女性も児童養護施設の出身だった。施設を退所した後、女性は正社員としてビジネスホテルに就職した。社宅も完備されていた。女性は平均週休1日のペースで働いたが、月収は手取りでおよそ12万円だった。女性は激務がたたり、過労により腰を痛めてしまう。そして緊急手術と入院療養が必要になったことを会社側に伝えると、一方的に解雇を通告されたのである。それは社宅からも追い出されることを意味していた。

ある日突然、路頭に迷うことになってしまった女性は、まず出身の児童養護施設に電話で相談した。

しかし、受話器の向こう側にいた施設のスタッフは、助けを求める女性に対し、予想もできなかった言葉を口にしたという。

「悪いんだけど、ここでは対応できないな。役所に行ってみて、そこで相談しなさい」

女性がいくら事情を伝えても、理不尽な目に遭っている状況についてありとあらゆる説明を尽くしても、取り付く島はなかったという。「それはできない。そんな余裕もないし、すでにあなたの措置期間は終わっている」と拒絶されたのである。

そして、女性は一縷の望みをもって役所の窓口を訪れた。行政であればなんとかしてくれる、という思いがあったからだ。

ところが、ここで女性はまさかの二度目の絶望を味わうことになる。

「まだ親御さんが生きてますよね。親が生きている場合には、まずは親を頼ってください」

役所の担当者は、カウンターの目の前に座っている女性が児童養護施設の出身者と認識していたにもかかわらず、行政としての支援の端緒も与えなかった。

無論、女性は親とのつながりを断っていた。行政の社会福祉というセーフティネットからも見放された女性。たどりついたのは性風俗店での勤務だった。まとまった金が手に入り、雨風をしのげる住まいも用意してくれる場所は他にはなかった。

その後、女性はインターネットを通じて「ゆずりは」の存在を知った。ようやく高橋さんたちのもとで保護されたときには、心に深い傷を負っていたという。高橋さんは、現在ではアフターケアの重要性への理解が広がってきているが、この女性のようなケースは決して珍しくはないと話す。

「施設にも頼れない、役所にも見捨てられる。いわば社会保障が性産業に敗北した事例です。施設の子どもたちは、一度社会に出たら、その生きづらさにショックを受けることが多いですね。学歴の低さやおよそ理想的とは言えない劣悪な成育環境を生きてきた子どもたちは自分に自信を持つことができません。『初めての一人暮らし』は誰しも大変ですが、そうした子どもたちは一層強いストレスを感じます。〝緊張と不安〟の中に長年身を置いていたことでメンタルが弱く、朝起きられなかったり、『なぜ他の人ができるのに自分はできないの？』といった不安にさいなまれたりすることもあります」

施設を出た子どもたちがこうした不安を感じたときに、自分のなかに確かな居場所や頼れる存在があることが非常に重要だと高橋さんは訴える。そうでなければ、子どもたちの心の内側に潜んでいたトラウマが環境の変化によって表面化し、暴発してしまう結果を招きかねないからだ。

「原則18歳で退所」は現実的な制度なのか

元入所者の方々の「退所後」を見つめる取材を通じて私たちが感じたのは、「原則18歳で退所」という制度は、子どもたちが直面する現実からあまりにかけ離れているのではないかという思いだ。

もっとも、この問題について徐々に社会的な認知度が高まり、厚生労働省も制度の充実を進めてきたことからも、何も手を打っていないわけではないことはよくわかる。しかし、幼いころから心に深い傷を抱えながら育ってきた子どもたちに真に寄り添ったセーフティネットが設計されているかというとまだ十分ではない。

この点について、１９８０年代から児童養護施設を退所した子どもたちの「その後」を追跡調査し、彼らを取り巻く諸課題についての研究・分析を続けてきた北海道大学大学院教育学研究院の松本伊智朗教授は、次のように指摘する。

「制度は少しずつ変わっても、保護されていた子どもたちが施設を出たあとにさまざまな形で苦労するという、根本的な問題の構造はあまり変わっていないと思うんです。子どもの自立のために、家族に過度に依存する今の社会では、家族が応援団になれない子どもたちは苦労せざるを得ない。大学進学率が上がり、他方で、非正規で働く若者も増えて雇用の不安定化が進む中で、家族からの経済的支援を受けられない子どもたちの不利や困難はより一層強化されているとも言えると思います」

進学するとき、就職するとき、結婚するとき、子どもが生まれたとき、病気になったとき、人生のさまざまな節目で、頼れる家族がいないこと、経済的な支援を受けられないことで、子どもたちは苦しみ続けることになる。社会的な養護が必要として、国が一度は責任を持って保護したはずの子どもを、ある一定の年齢で支援の枠組みから外してしまうことは問題があるのだという。

「しんどい思いをしてきてさまざまな事情があるからこそ制度の中で守られてきたはずの子どもたちなのに、18歳になったから、20歳になったから、22歳になったからと、年齢で区切ってその子への支援をブツッとやめてしまうという制度には問題があると思うんです。『退所後、何か困ったことがあったらアフターケアをしますよ』ではなくて、社会的養護の枠組みの中にいたすべての子どもたちには、ケアを離れたあとであっても適時適切な支援を受ける権利があると考えるべきです。そうした視点に立って若者たちの自立を支えるための仕組みをきちんと整える必要があります」

みずからは今、いかなる困難に直面しているのか、どのような支援を欲しているのか。家族という支えのない社会的養護が必要な子どもたちにとって、こうした「助け」を求める声を発すること自体がハードルが高いと松本教授は言う。他者との関わりが希薄であったり、信頼関係を構築する経験も十分に培ってこなかったりするケースが少なくないからだ。

退所後の子どもたちをめぐる構造的な背景を一瞥するかぎり、当事者の子どもたち自身が声を上げやすい意思伝達の回路を設けることや、彼らの声をすくい上げられるアドボケイト（権利擁護の代弁者）の存在が今後重みを増していくことは論をまたないであろう。

厚生労働省の「自立」後の実態調査によれば

18歳までは児童福祉法のもと、児童養護施設や里親家庭で守られた暮らしができても、そこから自立したあとは誰も守ってくれないという現実。施設を出たあとの暮らしの厳しさは、支援団体や専門家からたびたび指摘されてきたが、これまで全国的な実態はわかっていなかった。しかし、2020年、厚生労働省は初めて、施設や里親家庭から自立した人を対象とした実態調査に着手した。そこで見えてきたのは、生活に困窮しながらも、頼る先がないという厳しい現実だった。

調査は、2019年度までの5年間に児童養護施設や里親家庭などを離れたおよそ2万人を対象に実施された。しかし、調査票を渡す段階でハードルがあった。暮らしていた児童養護施設などを通じて調査票を渡そうとしたものの、すでに居場所や連絡先がわからないなどの理由で、そもそも調査票を渡すことができたのが対象2万690人のうち7385人、割合にして全体の35・7%にとどまったのだ。調査票を受けとった人のうち、回答を寄せたのは2980人。調査に回答した人たちは、あくまでも現在も施設などと連絡がとれる状態にあるという前提で結果を見ていきたい。

「施設などを退所した年齢」は「18歳」が最も多い60%。「措置延長」をしたとみられる「19歳」は10・4%、「20歳」が7%だった。15歳という回答も7・4%だった。措置延長で施設にとどまることができたのは少数で、18歳で施設を出ること、自立することを迫られている人の方が多数を占めた。

「現在の状況」は「働いている」が71％、「学校に通っている」が23％。働いている人の雇用形態をたずねると、「正社員」が51・8％、「パートやアルバイト」が34・5％、「契約社員や派遣社員」が8・6％。総務省の労働力調査では15歳以上で雇用されて働いている人は5620万人でこのうち正社員が3529万人。正社員の割合が62・8％であることを考えると、施設を出た人たちは、働く人全体の平均よりも不安定な働き方をしていると言える。

月々の収支については、「収入と支出が同じくらい」が31・4％で、「支出の方が多く赤字だ」という回答が22・9％にのぼり、生活に困窮している人が少なくないこともわかった。しかも、「過去1年間に病院を受診できなかった経験がある」という回答も20・4％にのぼり、最も多い理由が「お金がかかるから」というものだった。具合が悪くても病院にすら行けない、そんな追い詰められた生活を5人に1人もの人がしているというのだ。

一方、施設などを退所したあと、施設や公的な相談機関から何らかのサポートを受けたのは62・7％。その内容は、「日常的な雑談や相談」が36％。「不安やトラブルなどの相談」が24・4％。全員が等しく受けられたサポートはなく、内容にはばらつきがあった。しかし、19・４％は「サポートは受けていない」と回答し、誰からの支援も受けずに一人で生活している実態が明らかとなった。

「困っていることや不安なこと」は「生活費や学費」が33・６％、「将来のこと」が31・５％、「仕事」が26・６％。「今後利用したいサポート」としては、「奨学金や生活費の貸付などの金銭面に関する支援」や「住居や食事面の支援」「悩みやメンタルヘルスの相談」「退所者同士が交流できる場や催し」などが多く挙げられた。

調査に携わった前出の北海道大学の松本伊智朗教授は、今回の調査で調査票を渡すことができなかった人たちが大勢いることを念頭に、「経験上、施設などとつながりが切れてしまっている人の方が、よりさまざまな課題に直面していることが多い」と、調査が必ずしも厳しい実態を反映しているかどうか疑義が残ることを指摘。そのうえで、これまで児童福祉法上の政策的な枠組みから外れていた18歳を超えた「ケアリーバー」と呼ばれる、施設や里親家庭を離れた人たちの実態がわかったことには大きな意義があると指摘する。しかし、それと同時に、改めて現状の制度においては「ケアリーバー」の支援に限界があり、法改正も視野に支援の充実を進めていく必要があると強調する。

「調査票すら渡すことができない人がこれだけいたということは、そもそも『ケアリーバー』と日常的なつながりを持つ仕組みがないということです。今回の調査では施設などを出たあと、進学できなかったり、不安定な働き方をしたりして、中には健康上の問題を抱えながらも、相談相手がいなくて、孤立している実態が改めて明らかになりました。また、すべての人がアクセスできる相談先がないこともわかりました。すべての子どもの自立支援計画をたてるなど、全国で自立支援が受けられる体制を作る必要があります。現状では自治体の支援は任意となっていますが、法律できちんと位置づけて、年齢の壁を超えて子どものニーズにあわせて支援できるようにしなければならない」

長引くコロナ禍　経済危機で退所者はさらなる苦境に

ただでさえ孤立しがちな「ケアリーバー」たちは、2020年から日本でも猛威をふるう新型コロナウイルスの感染拡大により、さらに孤立を深めていることもわかってきた。

「部外者は立ち入り禁止となっているから、なるべく来ないでほしい」

施設の職員から告げられたことば。美咲さん（取材時20歳・仮名）は意外にも冷静に受け止めたという。

「私はもう『施設の子』じゃないんだなと改めて感じたというか。もう頼ることは控えた方がいいんだなと思うようになりました」

関東地方に住む美咲さんは親の虐待を理由に幼いころに施設に入所した。施設での生活は楽しく、自然と将来は施設の職員になりたいと思うようになっていった。しかし現実は厳しかった。施設の職員になるためには保育士の資格が必要だが、資格をとるために専門学校に進学するのは、多額の奨学金を借りなければならないということを知り、働きながら返済できるのか不安が募った。美咲さんは結局、進学を諦めて、就職することを決めた。

就職するということは、18歳で施設を出て一人暮らしをするということだ。金銭面で助けてくれる親族はいなかったため、高校卒業までに一人暮らしにかかる住宅の初期費用を貯めなければならなかった。これまで力を入れていた写真部の活動も諦めざるを得なかった。賞をとったこともあり、もっと上を目指したいという気持ちもあったが、自立のためにはやむを得ない選択だった。早朝や学校帰りなど、多くの時間をアルバイトに費やし、ようやく50万円を貯めることができた。

施設の職員は、就職に向けた相談にも親身にのってくれた。アルバイトと並行して就職活動をして、近くの老人ホームに正社員として採用されることになった。高校を卒業し、2020年3月に18歳で施設を出るとき、施設の職員からは「何かあったらいつでも連絡して」と言われていた。しかし、新型コロナウイルスの感染拡大が急速に進み、働き始めた4月には緊急事態宣言が出るという事態になっていた。そのころ、施設にいる後輩から、「会いに来て」と連絡があった。美咲さんが「じゃあ施設に聞いてみるね」と、電話した際の施設の職員の返答が、「部外者は立ち入り禁止となっているから、なるべく来ないでほしい」というものだった。施設を出たら、今までのような関係ではいられないということはわかっていた。しかし、改めてその現実を突きつけられたことで、もう施設を頼ることはできないという思いは強固なものとなった。

初めての一人暮らしは戸惑いも多かった。職員がやってくれていた掃除、洗濯、食事などの家事を働きながら、すべて自分でこなさなければならない。家賃のほかに、光熱費がこんなにかかるということも知らなかった。施設にいたころは病院代を払ったことがなかったので、病院に行くとお金がかかるということも一人暮らしをして初めて知った。何よりこたえたのは、困ったときに相談できる相手や、愚痴を聞いてくれる相手がいなかったことだ。

仕事も思うようにいかないことが多かった。高齢者と接する仕事にはやりがいを感じたが、職場の同僚とうまくコミュニケーションがとれなかった。一人で抱え込んでいるうちに、心と体が限界を迎えた。食事も喉を通らず、眠れない日々。次第に職場に行くことができなくなり、２０２１年4月で退職することになった。しかし、就職前に貯めたお金はもう底をついていた。美咲さんは、アルバイトをしながら、住み込みで働ける場所を探しているのだという。

「身の回りのことは全部職員がしてくれて、守られた環境から、一人で全部何もかもやらなければいけない環境になったことと、これまでのアルバイトとは違う正社員で働くという責任感の違いもあって、すごく大変でした。コロナの影響で、仕事がすぐに見つかるかどうかわからず、やっぱり不安ですね」

「ステイホーム」で浮き彫りになる孤独

社会的養護出身者やその支援者で構成する団体、「ＩＦＣＡ」(International Foster Care Alliance)は、新型コロナウイルスの影響について調べるため、過去に社会的養護を経験したことのある16歳以上40歳未満の男女にアンケートを実施し、４２５人から回答を得た。どのような働き方をしているかたずねると、52・5％がパート、アルバイト、契約・派遣社員といった非正規雇用で働いていて、正社員だという人は25・6％にとどまった。無職という人も11・8％いた。

また、およそ3人に1人がコロナ禍で「収入が不安定になった」と答えていて、中にはすでに解雇されたという人もいた。22・6％が現在お金に困っていて、食料の確保が難しかったり、住まいを失う不安を抱いたりしている人も数多くいることがわかった。

もともと生活基盤が安定していなかったところに、経済危機が重なると、一気に生活基盤の崩壊の危機においやられ、それが精神面でも深刻な影響を与える。アンケートに答えた人のうち、48・7％が「ここ2週間で落ち込んだり、絶望的な気分になったりした」と、うつ状態にあると回答した。

また、現在、相談できる施設職員や里親、ケースワーカーなどがいる人は25・9％にとどまり、「ふだんから誰にも頼れない」という声のほか、「施設に遊びに行くことができない」「子どもの休校で里親さんに余裕がなく、相談できなくなった」など、コロナでそれまではできていたサポートが受けられなくなったという声もあがり、誰にも頼れずに苦しんでいる実情が見えてきた。

そして、新型コロナウイルスの感染拡大を防ぐため、「ステイホーム」「家族で乗り越えよう」というメッセージが強く打ち出されたことも、社会的養護出身者をさらに精神的に追い詰めることにつながった。自由記述には、「『自分には頼る人がいないんだ』と改めて痛感するきっかけとなってしまい、つらかった」「自分がこのような状況に追い込まれたのは、過去の経験があるからだ、と絶望感に苛まれた」という悲痛な声があがっていた。

全世帯に1人10万円が支給された特別給付金をめぐっても、世帯ごとに給付が行われたために、家族にお金をとられてしまい、手元にお金がこなかったという報告もあった。調査を行った「IFCA」は、家族が機能しているという前提にたった政策では、若者に支援が届かないため、個人単位の支援が必要だということ、そして社会的養護に携わる大人だけでなく、地域の人たちとのコミュニケーションやつながりをもつことへの継続的なサポートが必要だと指摘している。

新型コロナウイルスの感染拡大とそれに伴う経済危機は、社会的養護出身者をさらなる苦境に追い詰めた。従来からアフターケアがまだまだ十分ではないということは指摘されてきたが、今回の経済危機は現存のアフターケアの脆弱性を改めて浮き彫りにしたとも言える。施設から退所したあとも、誰かが継続的につながりをもち、苦しいとき、困ったときに頼れる場を作ること、きちんと届く支援を行うことが早急に求められている。

第5章
施設の子どもたちの社会的自立をどう支えるのか

社会的養護自立支援事業

児童養護施設を退所したあと、孤立したり、困窮したりしないようにするためには、一体どのような支援が必要なのか。まず求められるのは公的なサポートであり、第2章でも触れた、２０１７年創設の「社会的養護自立支援事業」の活用を促進することが求められている。この事業は自治体（都道府県・指定都市・児童相談所設置市）が任意で実施し、国がかかった費用を補助するもので、次のようなメニューが用意されている。

①支援コーディネーター

児童相談所などへの配置を支援。

支援コーディネーターは、施設等への措置が解除される前に、施設退所後の生活を考えて、「継続支援計画」を作成。関係機関と連携して「継続支援計画」に基づく支援状況の把握や、生活状況などに応じた計画の見直しを行う。

②生活相談支援

民間団体に委託するなどして実施する費用を支援。

生活相談支援担当職員が、住まいや人間関係、将来への不安など生活上の相談に応じる。

自助グループが施設に赴いて自立に向けた相談支援を行うケースも含まれる。
③就労相談支援
民間団体に委託するなどして実施する費用を支援。

就労相談支援担当職員が、就職先の開拓や就職活動へのアドバイス、就職後のフォローをする。
④住居費支援
措置解除後も施設や里親家庭での居住を続ける場合の費用を支援。

（アパートで一人暮らしをする場合も、施設職員が定期的に見守りをしていれば支援の対象となる）
⑤生活費支援
進学や就労の状況などに応じて生活費を支援する。
⑥学習費等支援

進学を希望する場合の学習塾の費用などを支援する。
(このほかに、2021年度からは医療連携支援と法律相談支援、退所後生活体験支援も追加)

また、このほかに、施設が退所する子どものアパートなどの保証人になった場合に、万が一損害をこうむっても保証が受けられる「身元保証人確保対策事業」や、家賃や生活費を貸し付ける「児童養護施設退所者等に対する自立支援資金貸付事業」などの事業が用意されている。

ただ、これらの事業はいずれも、任意の事業となっていることから、自治体によって実施状況にばらつきがあることが課題となっている。

2020年度、厚生労働省が児童相談所を設置している73の自治体にこの事業の実施状況を尋ねたところ、最も多かったのが「住居費支援」で79・5%、次いで「生活費支援」が78・1%、「生活相談支援」が69・9%、「自立支援コーディネーターによる継続支援計画の作成」が58・9%、「就労相談支援」が50・7%だった。多くの自治体で何らかの取り組みはしていると考えられるが、すべての自治体が実施している事業は一つもないという結果になった。

また、自立支援コーディネーターの配置人数をみてみると、さらなる課題が浮かびあがる。

そもそもこの事業を実施しておらず、自立支援コーディネーターを「ひとりも配置していない」ところが35・６％。また、「１人」が34・２％、「２人から５人」が19・２％と続き、「６人以上」は２・７％にとどまったのだ。先進的にコーディネーターの配置を進めてきた自治体では各施設に１人ずつ配置しているケースもある。それでも退所者全員に目を配るためには足りないとも指摘されている。一つの都道府県に「１人」、ないし、「２人から５人」という状況では、施設や里親家庭から自立するすべての子どもたちをサポートするのは現実的ではない。現状では、ごく限られた人しかサポートを受けられない、そのような状況下にあると言える。

調査に携わった専門家は、「自立支援を任意の事業とするのではなく、法律できちんと位置づけて義務化するべきだ」と指摘している。どこの自治体に住んでいたとしても、等しくアフターケアを受けられるようにするためには、この事業のあり方をもう一度考える必要があるだろう。

児童養護施設で続けられる模索

取り組みを始めている自治体では、この事業を活用してさまざまな模索が始まっている。大森さんとともにアフターケアの課題に長年向き合ってきた、東京都内の児童養護施設「子供の家」の施設長、早川悟司さんは、この事業を活用することで、現在は希望する子どもは全員、22歳まで施設で過ごすことができるよう方針を転換した（20歳までは措置延長の制度を利用）。

２０２０年の時点では、51人いる施設の入所者のうち、高校を卒業している18歳以上は実に11人にのぼった。大学や専門学校で学んでいるケースが多いが、中には働いているケースもある。

子どもたちは、18歳で高校を卒業し、22歳になって施設を離れるまでの間、施設職員のサポートを受けながら徐々に自立に向けた準備を進めていく。施設の近くには、民間のアパートの一室を借り上げていて、短期間一人暮らしを体験することもできる。退所後の暮らしを具体的にイメージするために、このような取り組みが欠かせないのだという。

22歳までいられることで、自立に向けて自分のペースで歩むことができているという、「子供の家」で暮らす翼さん（当時20歳・仮名）に話を聞かせてもらった。

翼さんは、もともと高校では友達が多い方ではなく、進路について友達と話すという機会もなかった。

「卒業したあとの進路は？」。高校の先生や施設の職員から問われても、高校を卒業したあとの自分の進路については全くイメージがわかなかった。

就職するか、進学するか。就職といっても、就職活動のやりかたもわからないし、特にやりたい仕事もない。かといって勉強もあまり得意ではないから、積極的に進学したいとも思わない。でも、なんとなく施設を出るのは不安だし、もう少し遊びたい気持ちもある。だったら、とりあえず入れそうな学校に進学しようか。

翼さんは、とりあえず、就職が有利になりそうで、現在の偏差値でも受けたら合格できそうな、語学の専門学校に進学することにした。そこで英語を学べば、それをいかした仕事につけるかもしれない。そんなことを漠然と考えていたが、進学してから壁にぶつかった。

もともと勉強のやり方すらわからないのに、授業はどんどん進んでいく。日本語を使わない英語の授業にいたっては、全く理解ができない。人づきあいが得意ではなかったため、頼れる友達もいない。アルバイトをいいわけに、専門学校を休むことが増え、ついには行くことができなくなった。

もちろん単位もとることができず、2年生に進級する前に、「退学するか留年するか選んでください」と選択を迫られた。翼さんは、わずか1年で専門学校を辞めることにした。

「専門学校に入ってからは全部が全部大変だった。お金の心配があったから、アルバイトを優先していたら、勉強のほうは結果が出なくて。就職して施設を出るのは不安で、学校にしがみつきたい気持ちもあったけど、しかたなかった」

専門学校を辞めるとなったら就職をしなければならない。翼さんがどうすればいいか悩んでいたところ、施設の関係者から近くの特別養護老人ホームでの仕事を紹介してもらうことができた。まずは非常勤の職員として働き始めることが決まった。

「就職すれば施設を出て行かなければならない」と翼さんは不安に思っていたが、早川さんはじめ施設の担当者が児童相談所と話し合ってくれたおかげで、生活が安定するまでは、施設で暮らし続けられることになった。

働き始めると、少しずつ気持ちに余裕が出てくるようになった。初めてまとまったお金が手に入ったということも大きかった。施設で暮らしている間は、そのお金を貯金することもできる。このまま働いていけば、このくらいの収入で、そうすれば、こういうアパートに住めるかな。少しずつ、将来の自分の暮らしをイメージすることができるようになった。

「就職先を紹介してもらえたのはありがたかった、やっぱり。それがなかったらどうなっていたか、わかりません。とりあえず次の居場所を見つけることができた。それがやりたい仕事かどうかはまだわからないですけど、よかったと思っています。最近は少しずつ不安が消えてきた感じですね」

今は、目標もできたと言う。

「非常勤で働いているんですけど、とりあえず常勤になりたいですね。まだ仕事は始めたばかりなので、何年か続けたいと思っています。あとは車の免許も欲しいです」

施設長の早川さんは、18歳で施設を出たあと、すぐに仕事や学校を辞めてしまうなどして、つまずいてしまうケースをたくさん見てきた。一般の家庭で育った子どもでも18

歳でいきなり誰にも頼らずに一人暮らしをして働いてと、自立を求められたら難しい。

施設で育った子どもたちは、頼れる親がいる子どもと違って「失敗が許されない」という場合が多い。たとえば、高校を中退してしまったら、「じゃあ施設を出て働いて、自立して」ということが今でも起きている。しかし、早川さんはそれではだめだという強い思いで取り組みをしてきた。進学や就職という大きな環境の変化でつまずいたときも、一定期間寄り添えるようなサポートが欠かせないと考えている。

「子どものころに家庭・学校・地域という柱をいっぺんに奪われる体験というのは、アイデンティティの形成、自分が自分でいいんだという感覚を持ちながら、将来こんなことしたいという展望を抱くことを非常に難しくすると思っています。だからこそ、できるだけゆるやかに時間をかけながら、少しずつ一人暮らしの練習なんかもしながら段階的に自立していくということが大事なんです。高校は卒業できても、進学や就職のタイミングで失敗してしまう子もいるので、とりわけ20歳前後のところをしっかり支え、20歳を越えて一定程度安定するまでは私たちがそばにいて、支援を継続することが必要だと思っています」

重層的な支援ネットワークの必要性

就職や進学をきっかけに児童養護施設などを離れたあと、誰もが、いつでも、施設を頼ることができるわけではない。

児童養護施設から一人巣立てば、また新しい子どもが入所する。お世話になった職員がいたとしても、さまざまな事情で退職していなくなってしまうケースもあるだろう。子どもの側も遠慮してしまい、自分から連絡を取ることができないケースや、施設の職員には困っている姿を見せたくないケース、中には、施設の職員と折り合いが悪かったために縁を切ってしまうケースもあるかもしれない。社会に出たあとも、何気なくたずねたり、頼ったりできる「実家」のような存在がない社会的養護出身者の自立をサポートするためには、児童養護施設だけでなく重層的な支援のネットワークを構築する必要がある。

その一つとして国が2020年度から取り組み始めたのは、「社会的養護出身者ネットワーク形成事業」だ。主な事業は社会的養護出身者が参加する交流会の開催で、当事者同士や支援団体などがつながり、交流を深めるきっかけを作ることで孤立を防ぐねらいがある。

２０２０年は「社会的養護経験者全国交流会」として11月の３連休を利用して、感染症対策の観点からオンラインで開かれた。参加者は思っていることを自由に発信したり、歌やダンスを披露したりして交流を深めるとともに、「メンタルケア」や「アドボケイト」など、テーマごとに分かれて話し合い、自分たちが施設や里親家庭で過ごす中で感じてきたことや、課題だと思うことを深めていく。そして最終日には、厚生労働省の担当者も交えてパネルディスカッションを行い、当事者の声を国に届けるまでが大きな流れとなっている。

社会的養護出身者の集まる場を提供する取り組みは、国が始める前から各地のＮＰＯなどの支援団体が始めているが、支援団体は都市部での活動が中心となっていて、全国どこにいてもこうした集まりに参加できるわけではない。今後、自治体でこうした取り組みをサポートする体制も必要となるだろう。

そして、当事者の声を国に届けることも大きな意味を持つ。２０２１年度から、社会的養護自立支援事業に追加されたメニューの一つに、「メンタルケア等医療的な支援が必要な者が適切に医療を受けられるよう、医療連携に必要な経費補助」がある。新たにメニューが追加された背景には、医療的な支援を求める当事者の声が大きかった。

声をあげた一人、山本昌子さんは、関東を中心に支援活動をしている団体、「ＡＣＨＡプロジェクト」の代表をつとめている。自身も親のネグレクトによって乳児院や児童養護施設で育ち、数年前から、社会的養護出身者が費用面から諦めてしまいがちな成人式の振り袖の前撮りをプレゼントする活動を行ってきた。さらに、コロナ禍で社会的養護出身者の孤立が深刻化する中で、新たに食料支援や、オンラインでの交流会を始めたところ、メンタルケアの必要性に改めて気づかされたのだという。

「コロナをきっかけに当事者の子たちとたくさん関わりをもつ中で、虐待の後遺症などが理由で精神面に生きづらさを抱えてしまって、入院にいたっている子もいることがわかってきました。食料品を送ろうとしたら、『実は入院していて受け取れません』という子がいて、どうしたのかたずねたら、『虐待されていたころの記憶がフラッシュバックしてしまって、死にたい気持ちが強くなってしまった』と話してくれたんです」

山本さんが、インターネットを通じて社会的養護出身者およそ116人にアンケートをとったところ、虐待の後遺症で「生きづらさ」を感じていると答えた割合は65％にのぼった。現在治療を検討していると答えた割合も40％にのぼり、医療的支援のニーズの高さも見えてきた。

アンケートに答えた一人、健太さん（当時22歳・仮名）に話を聞かせてもらった。

健太さんの母親には精神疾患があり、父親は怒りっぽい性格で、常に夫婦喧嘩をしていて、居心地の悪さを感じていた。父親から時折暴力を受けていた健太さんは、家を飛び出して、近くの祖母の家で過ごすことも頻繁にあった。その父親が癌で亡くなったあと、母親が一人で子育てをすることは困難となり、健太さんは小学生のときに児童養護施設に入所することになった。

施設で過ごしていたころは、精神的な不調を感じることはなかった。しかし、専門学校へ進学するために18歳で施設を出たあと、心身に異変が起き始めた。当初は教室にいたときにお腹の調子が悪くなっただけだった。しかし、徐々に症状は悪化していった。わけのわからない恐怖を感じるようになったり、動悸が激しくなって息切れをしたりするようになった。学校に行くのが怖くなり、休んでしまうことが増えた。思い切って病院にいったところ、「うつ病」「閉所恐怖症」「パニック障害」とさまざまな病名が告げられた。

自分も母親と同じように病気になってしまった。どうすればいいのだろう。健太さんは不安になって施設の職員に相談しようとしたが、職員は、今いる子どもたちの世話で忙しそうにしていた。ゆっくり話を聞いてもらうことはできず、孤立は深まっていった。

専門学校はなんとか卒業して就職したものの、職場で苦手な人と接するときにかつての虐待の記憶がフラッシュバックするようになった。動悸や殴られるかもしれないという恐怖感に悩まされ、職場に行くことができなくなり、休職を余儀なくされた。医師からは、「幼いときの養育環境が原因で発達に偏りがあるのではないか」と指摘された。

みずから支援団体を探してつながることで、ようやく自分の話を聞いてもらえる居場所を見つけたが、早くから精神的なケアを受けていればという後悔が拭えないという。

「自己肯定感も低くて、よく自分を責めてしまうし、薬飲んでいないとだめなんです。まわりの同級生たちは、薬とかも必要なくて、一生懸命頑張って暮らしているのに、なんで自分だけと、常にまわりと比較してしまいます。自分は情けないなと、こんなんで生きていけるんだろうかと、幸せに育てられてないのに結婚とか幸せな家庭を築くことができるのだろうかと感じてしまいます。世の中にはいろんな生い立ちの人がいて、こういう傷で悩んでいる人もいるっていうことを理解してほしいし、施設を出てからもカウンセリングを受けられたり、相談機関を紹介してもらえたりできればいいなと思っています」

山本さんは、さまざまな当事者とつながり、話を聞く中で、見えない心の傷と向き合い、前に進むためには、息の長い支援が必要だと感じてきた。

「トラウマのメンタルケアや治療は、完全に治るというわけではなくて、物事の捉え方とか、感情のコントロールが少しずつ上手にできるようになっていく、向き合い方を学ぶということなんです。本人たちのつらさや苦しみが完全に消えるということは難しいと思いますが、少しでも生きづらさを軽減してきちんと前を向いて歩いていけるようにするという視点が必要なのかなと思っています。虐待によって脳が変形すると言われていますが、より早期の治療でよくなるということもわかってきているので、そこも取り組んでほしいと思っています」

ただ、こうした心の傷は、必ずしも医療的なケアだけで癒やされるわけではない。まわりの大人のささいな行動の積み重ねが、子どもの心を癒やすこともあると言う。

「私自身も、施設を出てから自分の生い立ちを受け止めるのがとても辛くて、一人で考え込んでマイナス思考に陥っていたこともありました。でも、施設の先生やボランティアの方が寄り添い続けてくれて、親から愛されなくても、まわりに大事にされて、たくさんの人に愛されているということを実感する中で、自分が生まれてきてよかったと感じることができた。専門的ケアも必要ですが、誰かに気にかけてもらえたり、愛情をたくさん伝えてもらえたり、そういうことが大切なのではないかなと感じています」

山本さんのように、当事者の声を届けようという取り組みは徐々に広がっているが、それを国や自治体側がどういかしていくのかがこれからの大きな課題だ。社会的養護下にある子どもたちやケアリーバーの方針を定める「社会的養育推進計画」の策定などに、当事者が関わっている自治体は２０２０年の時点で半数にとどまっている。子どもたちやケアリーバーの声に耳を傾け、取り組みを改善し、発展させていく、その絶え間ないプロセスが、今まさに求められているのだ。

アフターケア支援団体の取り組み①

〈NPO法人　ブリッジフォースマイル〉

国による新たな制度の創設や、自治体での予算確保などの環境整備も進む一方で、それらの恩恵が子どもたちの元へ十分に行き届いているとは言えない施設退所後の自立支援。

ここからは、そうした現状にあって、子どもたちのアフターケアに向き合っている支援団体について、その具体的な取り組みの内容をみていく。

始めに紹介するのは、「NPO法人　ブリッジフォースマイル」だ。

2004年に東京都で事業を開始した「ブリッジフォースマイル」の特徴は、児童養護施設退所後のサポートはもちろんのこと、施設在籍中のできるだけ早い時期からサポートし、社会での自立にむけた助走期間をフォローすることで、子どもたちにとっての〝自立の補助線〟の提示を重視している点である。

ブリッジフォースマイルの設立以来、代表を務めるのは林恵子さん。大手人材派遣会社の社員として働く傍ら、個人的に参加した研修で、児童養護施設やそこで暮らす子どもたちの厳しい実態を知ったことが、ＮＰＯ法人の設立に繋がったという。

「施設の子どもたちが、それまでいかなる境遇や環境で育ってきたかどうかにかかわらず、夢や希望を抱き、笑顔で普通に暮らせる社会を作りたいと思ったんです。それが社会全体の責任だと。施設の子どもたちが、自らの努力と周囲の支えさえあればハンディを乗り越えられるんだと。いくら失敗しようとも、再びチャレンジしてやり直せばいいんだと勇気を抱けるような支援を目指しています」と林さんは話す。

児童養護施設で暮らしている間から子どもたちが社会での自立を意識できるようにするためにはどうすればよいのか。ブリッジフォースマイルが年に一度発行している「自立支援白書２０１９」（２０２０年６月発行）をもとに主な取り組みをみていく。

ブリッジフォースマイルがすべてのサポートプログラム事業の入門編として位置づけているのが、中学生や高校生を主な対象として行っている「自立支援セミナー」である。早い段階から子どもたちに自立にむけた意識づけを行うという目的のもと、金銭教育、キャリア教育、コミュニケーションスキル、社会保障制度のレクチャーといったプログラムをベースに、研修を依頼する施設側のニーズに応じた柱立てで実施している。２０

19年度はのべ1000人以上の参加者があった。

このセミナーを入り口として、ブリッジフォースマイルでは、その後、順を追って子どもたちに社会に出たあとのより具体的な就労のイメージを摑んでもらうプログラムを用意している。

それが、協力企業における1日職業体験を行う「ジョブプラクティス」と、春休み、夏休み、冬休みを利用して数日間職業体験を行う「インターン」という2つのプログラムだ。

自立の〝第一歩〟とも言える就労。施設退所者の6割は、高校卒業後に大学等には進学せず、働き始める。しかし、高校生の就職活動は、「働くとはどういうことなのか?」「世の中にはどんな仕事があるのか?」「自分にはどんな仕事が向いているのか?」といったことが不明瞭なまま、就職先を選んでしまうケースが多い。結果として、就職から短期間で離職してしまうことも少なくないのだ。

そこでブリッジフォースマイルでは、2つの就労体験プログラムを提供し、子どもたちが多くの仕事を知り、企業で働く人と接することで、自らの適性や将来の「働いている自分」のイメージ、いわば「就労観」を育てられるようサポートしている。

これに続くサポート事業として打ち出しているのが、施設からの〝卒業〟を控えた高校３年生の子どもたちを対象にした「巣立ちプロジェクト」だ。

毎年８月から翌年１月にかけて、月に１回のペースで全６回、行われるセミナー。そこで子どもたちは、自炊のしかたや生活習慣、健康管理、金銭の管理、物件探しの方法を始めとした一人暮らしの知識やスキルを習得。さらには社会人としてのマナーや対人コミュニケーションスキルの構築方法、就職面接の対策、悪徳商法への対応、ポジティブシンキングの講習、また性教育など、社会で生き抜いていくためのあらゆる面での〝生活能力〟を学ぶ、「ソーシャルスキルトレーニング」である。講師を務めるのは社会人のボランティアだ。

２０１９年度は、あわせて２５０人を超える子どもたちが参加。各地の施設から集まったいわば〝同級生〟たちとの交流も行われ、子どもたちは、初対面の相手との人間関係の築き方も学ぶ。また退所後にも繋がる仲間作りの場にもなっているという。

そして、前述の中学生、高校生から就労観を育てるプログラムの先に用意されているのが「職業紹介」だ。対象となるのは高校3年生と退所者。有志の企業の協力を得て、ミスマッチのない就職の実現を目的としている。

キャリアカウンセリングやビジネス研修、短期の企業実習を行い、本人の希望次第では、2～3か月の有償インターンもできる。企業側は応募者の意欲や適性を、一方の本人も自らの適性や職場の雰囲気を見極める機会となる。「社員寮があるから」「学歴不問だから」といった理由など、未熟な就労観やコミュニケーション力の不足による離職を減らす効果もあるという。

現在、このプログラムには63社98職種の企業が協力。2020年3月末時点で、プログラムを利用した子どもは36人、そのうち就労は10人（正規6、非正規4）となっている。

さらに、協力企業への就職が決まった後のアフターフォローも行っている。就職後、1年以上にわたり、ブリッジフォースマイルのスタッフが企業・出身施設双方と連携し、本人への面接やケアに取り組むことで、就職先での定着率の向上を図っている。

早い段階からの自立の意識づけから、就労観の醸成、そして職業紹介にいたる一連の取り組み。代表の林さんは、退所後支援をめぐる現状についてこう語る。

「施設職員の皆さんはもちろん退所する子どもたちのことを気にかけていらっしゃると思います。でも、いま入所している子どもたちの日々の暮らしを支え、ケアすることで精一杯な部分もあるのが実態です。そうした、施設がカバーしきれない部分を補完し、子どもたちが笑顔で巣立てるよう早い段階からフォローしていくのが私たちの役割だと思っています」

大森信也さんとも交流があった林さん。ブリッジフォースマイルを立ち上げたころから、大森さんはプログラムに理解を示してくれていたと振り返る。

「ブリッジフォースマイルの活動を始めたころは、まだまだ閉鎖的な施設が多く、私たちのような活動に理解を示してくれるところはそう多くはありませんでした。そんな中で大森さんは、すごく早い段階からアフターケアとか自立支援に強い思いをもって取り組まれていらっしゃいました。今回、その大森さんが事件で犠牲になられたということが私たちはとてもショックですけれども、もしかしたら退所後支援が、施設や個人で抱えられる問題ではないことを浮き彫りにしてくれたんじゃないかなとも思っています。

施設や職員個人の善意や努力で成り立ってしまっているのが現状なので」

設立以来、ブリッジフォースマイルの活動は、ボランティア、そして有志の企業からの協賛金や個人からの寄付などで支えられてきた。

林さんは、社会と子どもたちの橋渡し役となり、社会の側が児童養護施設や社会的養護のことを正しく認識し、子どもたちの〝理解者〟を増やす努力を積み重ねていきたいと言う。

「社会のみんなに施設の子どもたちの自立支援に関心を持ってほしいと思うんです。そして、もっと力強いサポート体制を人材や資金面から整えていかないといけないと。今後も自立支援、社会への啓発活動、そして施設職員やボランティアを対象とした人材育成を柱にすえ、新しいチャレンジを続けていきます」

アフターケア支援団体の取り組み②
〈アフターケア相談所　ゆずりは〉

国による新たな制度の創設も進む一方で、十分に行き届いているとは言えないアフターケアの支援。児童養護施設から社会に出た子どもたちの円滑な就学、就労の実現を軸に、彼らが安心・安全な暮らしができるよう見守り、支え続ける団体がある。アフターケア相談所「ゆずりは」だ。

「ゆずりは」は児童養護施設などを運営する社会福祉法人を母体とし、社会的養護の枠組みからこぼれ落ちる子どもたちの相談に乗り、「有効な社会的支援資源」の提供を主眼に置いた多角的な自立支援を専門に行っている。

東京都国分寺市内に事務所を構える「ゆずりは」が開所されたのは2011年4月。設立者は、第1章で既述した高橋亜美さんである。

もともと高橋さんは、児童養護施設を退所し中卒で働き始める子どもたちの受け皿となる「自立援助ホーム」の施設職員だった。しかし9年間にわたる勤務の中で、そうした児童福祉にかかわる施設を退所した子どもたちの多くが、家族の後ろ盾もなく、過去の虐待に起因するトラウマを抱えたまま低学歴でこの社会を生き抜いていくことの難しさにもがき苦しむ現実を幾度となく目の当たりにしていた。

そこで高橋さんは、壁にぶつかったときに気軽に「助けて」と言える環境を整備したいと、自ら勤める法人の援助を受ける形で「ゆずりは」を開設するに至った。

当時の思いについて高橋さんは取材に対し、次のように振り返っている。

「私がアフターケアに専念し始めたきっかけは、施設を退所した子どもたちが次から次に大変な目にあっていたことでした。彼らが親にも頼れない大変な状況で生きていかなきゃいけないことはわかっていたし、何を持たせて社会に送り出すのか、常にベストを尽くしてきたつもりなのに、ホームレスになる子、風俗で働き始める子、望まない出産をする子、刑務所での服役、自ら命を絶つ子もいました。こうした子どもたちは往々にして、事が起こるまで、施設に何の連絡もなかったんです。そのほとんどが警察や役所、病院から連絡があって初めて事態を知るパターンでした。そのときに初めて気がついたんです。これまで、私は『頑張れ』と言う支援はしてきたんだけど、『〝苦しい〟〝もう頑張れないよ〟と言ってもいいんだよ』という指導はしてこなかったと。子どもたちに対して、『助けて』と言えないような指導をしてきたという反省をしたんです。それが、（ゆずりはの）設立に繫がっていきました」

それでは、「ゆずりは」の具体的な支援内容を見ていく。

まずは生活支援として、施設の退所後に生じた生活・就学・就労に関する相談と支援資源の確保を大きな柱に据えている。経済的な面に関しては、公的な貸付金制度や生活保護制度などの行政サービスの申請手続きをサポート。相談者とともに役所に同行し、実際の支援の枠組みに繋げる伴走役を担っている。

住まいに関しても、安価で安心できる住居の確保や保証人に関する相談も受け付けている。さらに相談者が金銭トラブルや多重債務を抱えているようなケース、対人関係のトラブルを抱えているケースにおいては弁護士の紹介を行い法的なアプローチから問題解決を図る支援体制も整えている。

また医療面の支援としては、相談者のニーズに応じて医療機関や専門家への仲介や同行を行う。相談者が心身の不調を抱え込むことなく、福祉のレールに乗せる「橋渡し役」となっている。

続いて就学支援としては、定期的に講師を招き、高卒認定資格試験のための勉強会を開催している。また就学のための基金制度の紹介や申請手続きの仲介を行っている。

そして就労支援については、ハローワークへの同行、履歴書や就職先企業への提出書類の作成補助などをサポートする。また施設を出た子どもたちの中には、過去のトラウマや精神的な理由から仕事を休みがちだったり、対人関係のトラブルに悩んだりする事例が多い。そうしたさまざまな事情から一般就労が難しく、「働けない苦しみ」を抱える相談者のために、「ゆずりは」では安心して働ける場を独自に用意している。

事務所の一角で定期的に開かれる「ゆずりは工房」では、武蔵野エリアの農家から譲り受けた果物を使ったジャムの製造を相談者自ら行い、インターネットなどを通じて販売する。材料の調理や瓶詰めの作業など、相談者が安心して〝失敗できる〟場での就労体験を通じて、自らの役割を持つことや社会との繋がりを体感し、「働く喜び」を知ってもらうことが狙いだ。

「ゆずりは」には、1年間でおよそ2万3000件の相談がおもにメールや電話で寄せられている。

次に記したのは、「ゆずりは」の元に届いたメールの一部だ。

「トラウマがたくさんあります。生きづらい世の中に悩んでいます」

「もし助かる方法があるなら教えてください。もう耐えられません」

こうしたＳＯＳは、10代、20代の若者のみならず、30代、40代の相談者も多い。


また児童養護施設を退所した子どもたちが、どこに相談していいのかわからないと訴えるものだけでなく、最近では、まだ社会的養護の支援を受けられていない人たちからも助けを求める声が増えていると高橋さんは話す。

「社会的養護の支援にたどり着いていない人たちが家から逃げられずに、あるいは家から逃げてきたけど、この先どうやって生きていっていいかわからないという人たちがこんなにいるんだっていうのを感じています。役所には、助成相談の窓口、生活保護の窓口、就労の支援もいっぱいありますよって言われているけれど、支援からこぼれ落ちている人たちの存在をどうするのか。施設を出た子どもたちのアフターケアという枠組みの中で、体一つ、心一つなので、できることは限られているんだけど、でもやれることから一つひとつ対応していきたいです。大切なことは、私たちだけで頑張らないこと、仲間で支え合いながら一緒に安心できる社会を作っていきたいと思っています」

ここまでみてきた「ゆずりは」による相談や支援の活動はすべて無料で行われている。

開所当時は高橋さんたちの持ち出しで運営されていた。現在は東京都の地域生活支援事業の委託による補助金や個人からの寄付、企業からの助成金、加えて工房で販売するジャムの収益、高橋さんが講演活動で得る謝礼などを財源としている。

しかし、多種多様な相談にも対応できるスキルと経験を持ったスタッフの人件費や支援にかかる経費などをふまえると財源は脆弱で、補助金以外に毎年１０００万円近くの資金がなければ運営を維持することは難しいという。

第6章

積み残された課題

これからの社会的養護に求められるもの

特別なケアを必要とする子どもたちの増加

第1章から第3章までは事件のルポルタージュ、第4章、第5章では、施設を出たあとの「アフターケア」を中心に論じてきた。最後に改めて考えたいのは、子どもたちが施設や里親家庭で過ごす時間、自立への力を育んでいく「インケア」の課題や、社会的養護をめぐって積み残された課題についてだ。

児童養護施設をはじめとする、社会的養護下にある子どもたちのうち、何らかの障害があり、特別なケアを必要とする子どもたちの割合は年々増えている。2018年の調査でその割合は39・4%にのぼり、20年前に比べて4倍近く増加した。

心理的な問題を抱えている子どもを治療しながら支援する児童心理治療施設では、特にその割合は高くなっているが、それ以外の児童養護施設や乳児院の子どもたちの3人に1人が、里親家庭の子どもたちの4人に1人が、何らかの障害があるという計算になる。

具体的にどのような障害があるのか見ていくと、最も多いのが発達障害で、２０１８年は広汎性発達障害（自閉症スペクトラム）が４２３５人、注意欠陥多動性障害（ＡＤＨＤ）が３９１４人、学習障害（ＬＤ）が７５８人であわせて８９０７人。そして次に多いのが、知的障害で５１４４人、さらに不適切な養育によって生じるとされている反応性愛着障害（アタッチメント障害）が２４９４人などとなっている。

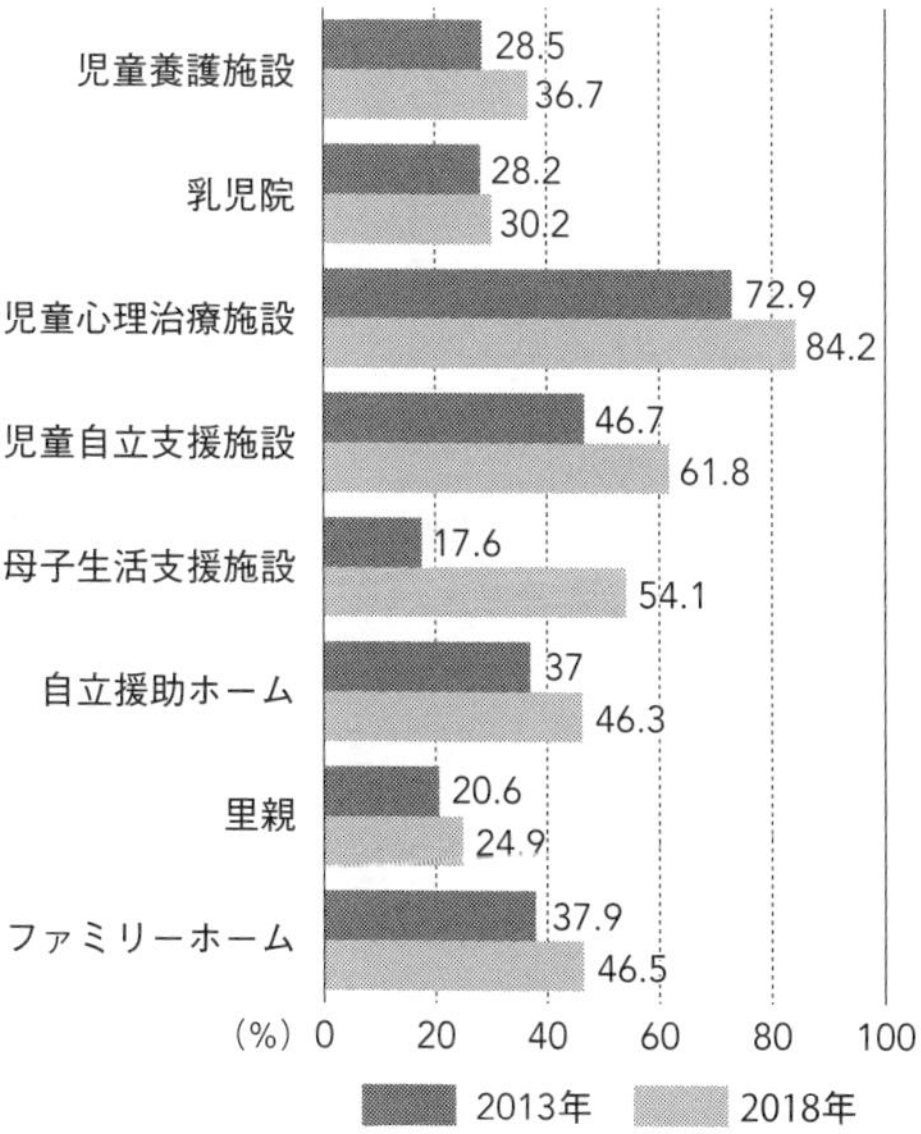

社会的養護を必要とする児童のうち、障害等のある児童の割合（施設別）

厚生労働省「社会的養育の推進に向けて（令和３年５月）」より作成（児童養護施設入所児童等調査結果）

ただし、これらはあくまでも障害があるということが社会的養護下にいる間に把握された子どもたちの数である。これまでに取材した退所者の中には、施設から退所したあとに精神的に不安定になり、精神的な疾患と診断されるというケースも少なくなかった。施設では心理の専門職によるカウンセリングも行われているが、退所者の20代の女性は、「虐待のトラウマケアというよりも、問題行動が表面化している子どもたちが集団生活を送れるようにするためのケアが中心となっていて、問題行動を起こさずにおとなしくしていた私はじっくりカウンセリングをしてもらえる機会はなかった」と話す。しかし、女性は施設退所後にフラッシュバックに悩まされるようになり、現在は精神科のクリニックに通院していて、「小さいころから専門的な治療を受けていれば……」と思うようになったのだという。

	2013		2018	
	47,776		45,551	
	人数	割合	人数	割合
	13,569	28.4	17,961	39.4
	1,357	2.8	881	1.9
	250	0.5	208	0.5
			46	0.1
	386	0.8		
			247	0.5
			142	0.3
	504	1.1	360	0.8
	5,043	10.6	5,144	11.3
	563	1.2	467	1.0
			599	1.3
			2,494	5.5
	2,242	4.7	3,914	8.6
	551	1.2	758	1.7
	2,764	5.8	4,235	9.3
			454	1.0
			240	0.5
			207	0.5
			44	0.1
	4,002	8.4	2,568	5.6
			51	0.1

年度		1998		2003		2008	
社会的養護を必要とする児童総数		41,257		45,407		48,154	
		人数	割合	人数	割合	人数	割合
該当者		4,811	11.7	9,181	20.2	11,655	24.2
心身の状況（複数回答）	身体虚弱	1,464	3.5	1,731	3.8	1,771	3.7
	肢体不自由	262	0.6	274	0.6	300	0.6
	重度心身障害						
	視聴覚障害	358	0.9	365	0.8	417	0.9
	視覚障害						
	聴覚障害						
	言語障害	445	1.1	636	1.4	618	1.3
	知的障害	1,417	3.4	3,147	6.9	3,940	8.2
	てんかん	544	1.3	591	1.3	586	1.2
	外傷後ストレス障害（PTSD）						
	反応性愛着障害						
	注意欠陥多動性障害（ADHD）			816	1.8	1,249	2.6
	学習障害（LD）					526	1.1
	広汎性発達障害（自閉症スペクトラム）					1,374	2.9
	チック						
	吃音症						
	発達性協調運動障害						
	高次脳機能障害						
	その他の障害等	1,605	3.9	3,834	8.4	3,904	8.1
	LGBT						

社会的養護を必要とする児童のうち、障害等のある児童

厚生労働省「社会的養育の推進に向けて（令和3年5月）」（児童養護施設入所児童等調査結果）より作成

心の傷は、小さいころは表面的にはわからないということも少なくない。しかし、子どもたちは、虐待を受けたことはもちろんだが、家庭、学校、地域から離れるという経験によっても少なからず傷つけられている。施設にいる間にその傷が癒やされなければ、施設を出たあとにその傷口が広がり、さまざまな困難にぶつかる恐れがある。その傷が外からは見えにくいからこそ、回復に向かうためのきめ細かな支援が、インケアでは欠かせなくなっている。

家庭養育の原則も　低い里親委託率

第2章でも触れたように、2016年の法改正で「家庭養育優先」の理念が規定された。なぜ「家庭における養育環境と同様の養育環境」でなければならないかというと、社会的養護下にある子どもたちが、単に虐待やネグレクトのない良好な生活基盤だけでなく、逆境体験や離別・喪失による傷つきからの回復を促進する生活基盤を必要としているからだ。「新しい社会的養育ビジョン」にはそのために必要な機能を次のように提言している。

①心身ともに安全が確保され、安心して生活できる機能
②継続的で特定的な人間関係による「心の安全基地」としての機能
③生活単位としての生活基盤を提供する機能
④発育及び心身の発達を保障する機能
⑤社会化の基盤としての機能
⑥病んだときの心身の癒しと回復を促進する機能
⑦トラウマ体験や分離・喪失体験からの回復を促進する機能
⑧新たな対象とのアタッチメント形成を促進する機能
⑨発達を促し、生活課題の解決が意図的・計画的に図られる機能

また、これらの機能を果たすことのできる養育環境として次の要件をあげている。

①子どもと継続的な関係を持ち、親密で信頼できる関係を形成して養育を行うことができる特定の養育者がいること
②子どもの安全が守られる「家」という物理的環境が提供されること

③特定の養育者と生活基盤を共有すること
④同居する他の子どもたちと生活を共有すること。同居する子どもたちの構成が可能な限り安定していること
⑤生活が、明確な構造を持ちつつ、一方で、子どもたちのニーズに応じて柔軟に営まれること
⑥子どものニーズに敏感で、ニーズに応じた適切なケアを提供できること
⑦社会的に受け入れられる価値を共有し、かつ子どもの自律や選択が尊重されること
⑧地域社会に位置付いており、子どもと養育者が地域社会に参加していること
⑨子どもの権利を守る場になっていること
⑩養育者が、子どものトラウマや関係性の問題に関する知識と対応方法を習得しており、必要に応じて専門家の助言を求めることができること
⑪子どもの状況に応じて適切な家庭教育を提供できること

特定の大人との愛着関係の下で養育されることによって、子どもは自分の存在が受け入れられているという安心感の中で、自己肯定感を育むとともに、人との関係において

不可欠な、基本的信頼感を獲得することができ、特に愛着関係の基礎を作る時期である乳幼児期は、子どもが安心できる、温かく安定した家庭で養育されることが大切であるとされている。

このため、「新しい社会的養育ビジョン」では、特別養子縁組による永続的解決（パーマネンシー保障）や里親による養育を推進することが明確にされた。里親委託の推進に向けては、全国平均で20％台にとどまっている里親委託率を、愛着形成に最も重要な時期である乳幼児期の子どもについては75％以上、そして、学童期以降の子どもは50％以上とする、高い目標が掲げられた。しかし、自治体ごとの現状を見てみると、新潟市が60・4％、福岡市が52・5％と突出して高くなっている一方で、全体の半数程度が10％台と低水準にとどまっている（2020年3月末時点）。そして、国がとりまとめた「新しい社会的養育ビジョン」をもとに、それぞれの都道府県などが策定した計画を見ても、例えば3歳未満の子どもの委託率の目標値について、国が示す「5年以内に75％以上」と設定している自治体は大分県や福岡市などわずか6か所しかなく、残りの9割ははじめから目標値にとどいておらず、20％台にとどまるところもあった。

海外と比べて日本は「施設偏重」と指摘されているが、地域によっては児童養護施設

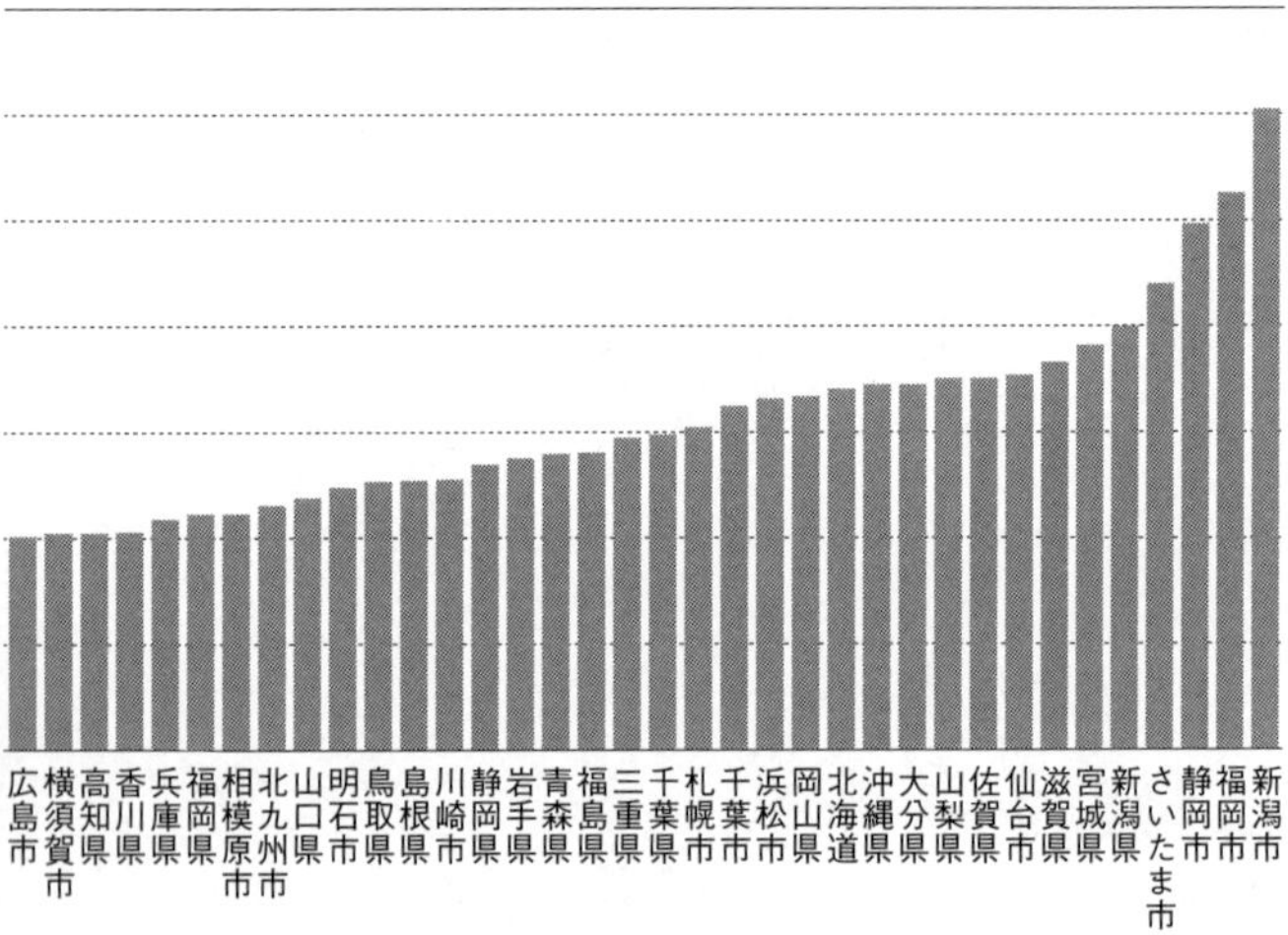

「社会的養育の推進に向けて（令和３年５月）」より作成（福祉行政報告例）

の関係者が急激に里親委託を進めていくことに難色を示すことがあることに加えて、里親制度が正しく理解されていないことで、潜在的な里親家庭候補の掘り起こしができていないという指摘もある。

　まず現状どういう人が里親に登録しているのかを知るために、２０１７年度に厚生労働省が実施した里親家庭の養育実態に関する調査研究をみてみると、里親になろうと思った動機で１番多かったのが「子どもが欲しかったため」で、里親登録時の里母の年齢は半数が40代、２割が50代と高く、３割の家庭で平均月収が40万円以上となった。

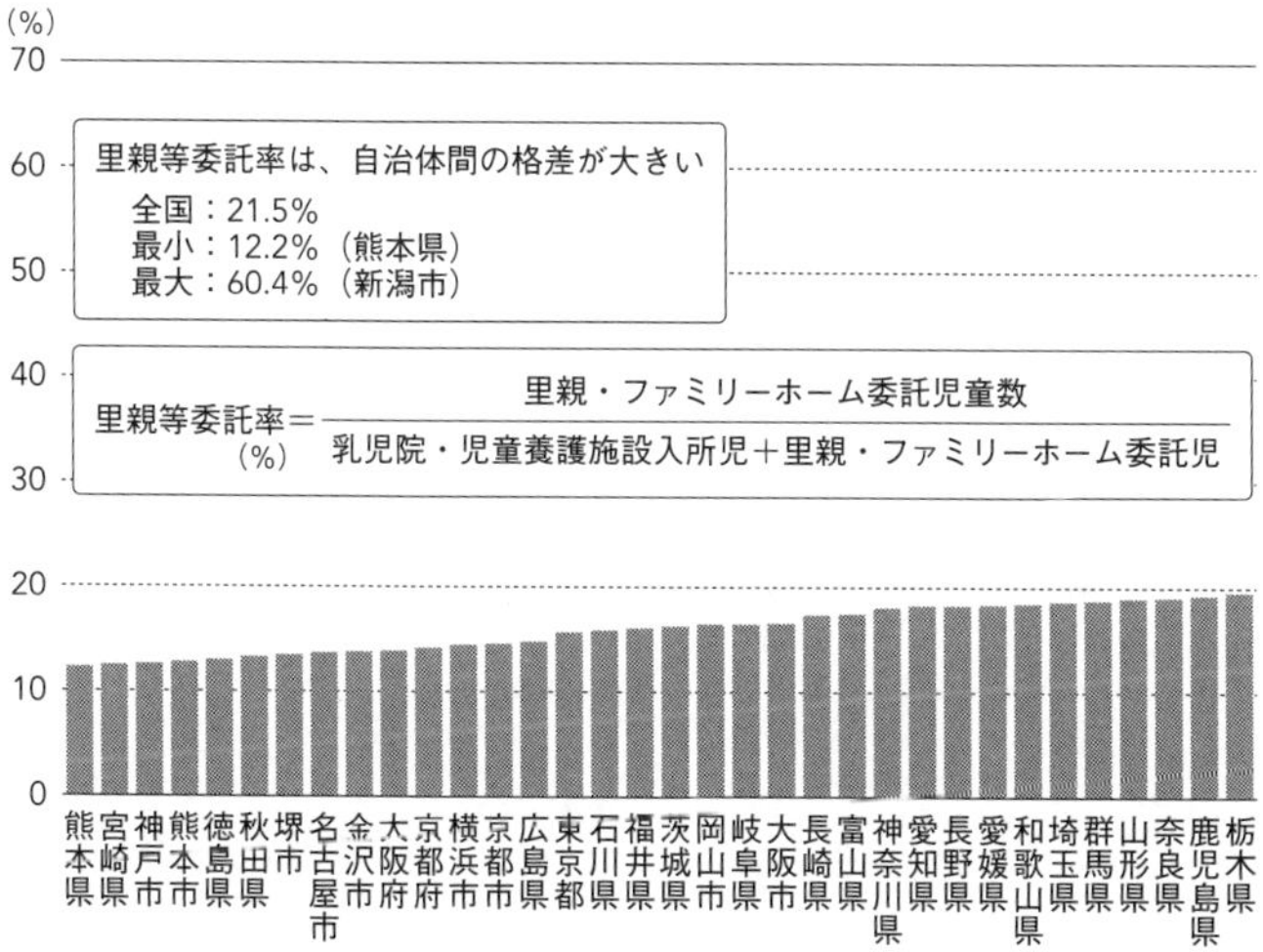

都道府県市別の里親等委託率の差　令和元年度末（2019年度末）時点

こうした傾向から、現在は比較的経済的に余裕があり、不妊治療をしてきた夫婦が治療の限界から里親を選択したケースが多くある可能性が示唆された。

一方、同じ2017年度に日本財団が実施した20代から60代の男女1万人を対象にした里親意向に関する調査をみてみると、里親になる意向はあっても、経済面の心配や子どもが大きくなるまで健康でいられるかわからないということがハードルとなっていることや、そもそも里親制度について十分に理解されていないこともわかっている。例えば「里親には子どもの生活費として養育費（約5～6万円／月）が支給されること」を知っていた人はわずか1・9%。「養育費とは別に里親手当（9万円／月）が支給されること」を知っていた人も1・2%にとどまり、「2か月などの短期間でもできること」を知っていた人も2・6%だった。里親になってみたい理由を複数回答でたずねると「家庭を必要とする子どもを助けたい」が7割と高く、「子どもが好き」が5割、「社会貢献をしたい」が4割、「実子の子育てが終わった」が3割だったという。

こうした調査から見えてくるのは、子どもが好きで里親にも関心があり、なってみたいという気持ちがあったとしても、制度の内容や何をしたらいいのかがよくわからずに一歩を踏み出せずにいる人たちが多くいるということで、その人たちのあと一歩を後押しするために欠かせないのは、それぞれの地域での取り組みだ。里親委託率を大きく向上させた自治体の取り組みを見てみると、15年以上前から取り組みを始め、NPOと連携して普及活動を進める中で里親だけでなく協力者を集めるとともに、児童相談所に里親支援の専従班を作ってサポート体制を整えたケース。1中学校区に1里親家庭を目指してすべての市町村で継続的に制度の説明会を実施したケース。里親会と連携してベテランの里親が相談員となったり、子どもが自立したあとのケアをサポートしたりして里親委託前から解除後までの支援体制を整備したケースなど、長い時間をかけて地域の資源を活用して取り組みを進めてきたことがわかる。それぞれの自治体によって事情は異なるため、里親委託率を向上させるためには、各自治体が地域のＮＰＯなどの資源を活用しながら、地道に取り組みを進めていくことが求められている。

施設の担い手をめぐる課題　人材確保と定着の難しさ

法改正により「家庭養育優先」の理念が規定、あわせて「新しい社会的養育ビジョン」も具体的に示され、心に傷を負った子どもたちに対して一段ときめ細やかなケアが求められている現在の社会的養護。

子どもたちがより「家庭」に近い環境で暮らすことができるよう、国は施設での養護から里親のもとでの養護に重心を傾けようとする姿勢も見せている。

しかし、既述の通り、里親委託率は国が掲げた数値目標には到底及んでいないのが実態だ。

そんな中で、我が国において長年、社会的養護の中核を担い続けてきた児童養護施設の役割、要するに子どもたちにとって純然たる〝親代わり〟までは至らずとも、それに近い形で彼らの成長を支える、いわば心の安全基地としての存在意義は極めて大きいと言える。

今後、これまで以上に児童養護施設では〝家庭的な養育〟の実現が期待される一方で、今回の一連の取材で見えてきたのは児童養護施設の担い手＝職員をめぐる深刻な課題だった。

施設の慢性的な人手不足の問題、これは人材確保の難しさと言い換えることもできるだろう。そして職員の定着の難しさである。この背後には一体何があるのか、また課題の解決には何が求められるのか、取材をもとに記していきたい。

まず、人手不足の問題に着目していく。東京都内の児童養護施設に勤務している職員の一人は取材に対し、「9割近くの施設で、本来配置したい職員の数に対して実数はマイナスになっている」と語った。多いところでは5〜6人、少ないところでも2〜3人が、常時不足しているという。また、職員1人で日中は子ども7〜8人、宿直のときには幅広い年代の20人近くの子どもを1人でみるケースもあるとして、「職員は肉体的、

～平成23年度	24～26年度（施設の人員配置基準）	27年度～（「社会的養護の課題と将来像」）の目標水準
児童指導員・保育士	児童指導員・保育士	児童指導員・保育士
0歳児　1.7：1	0・1歳児　1.6：1	0・1歳児　1.3：1
1・2歳児　2：1	2歳児　2：1	2歳児　2：1
3歳以上幼児　4：1	3歳以上幼児　4：1	3歳以上幼児　3：1
小学生以上　6：1	小学生以上　5.5：1	小学生以上　4：1 ＊

人員配置改善の推移

＊小規模ケア加算等とあわせて概ね3：1ないし2：1相当

厚生労働省「社会的養育の推進に向けて（令和2年10月）」より作成

精神的に限界にある」と不安を吐露した。

もっとも、国は、児童養護施設のスタッフの配置に関して、どのような人員配置を規定しているのか。調べると、実は厚生労働省は、家庭的な養育環境を整えるという大きな方針のもと、子どもの愛着形成の実現や一般家庭の雰囲気に近づけるという目的を達成するため、予算を確保し配置基準を改善、スタッフの確保を進めてきたことがわかった。

具体的には、上の図表にある通り、小学生以上を見ると、2011年度までは職員1人に対し子ども6人だったのが、2015年度以降は、職員1人に対して子ども4人の配置基準に見直された。

すなわち、各施設にとっては、職員を新たに雇用する余地が生まれたのである。

それなのに、なぜ児童養護施設の現場で人手不足が解消されないのか。

私たちは、児童養護施設や乳児院などの人材確保に取り組むＮＰＯ法人「チャイボラ」代表の大山遥さんに取材を行った。

まずは大山さんが運営する団体について説明をしたい。

大山さんはこの社会的養護の世界では異色の経歴を持っている。社会的養護の世界に飛び込む前、大山さんが勤めていたのは大手教育関連企業。幼児、小中高生向けの通信教育用教材の企画や営業に関わっていた。

その当時、リニューアルの度に処分されてしまう教材を何らかの形で活用できないかと思い、大山さんは知人が働いている児童養護施設に相談を持ちかけていた。施設と接点を持つ中で、子どもを支える職員たちの厳しい労働環境、慢性的な人手不足に苦しむ状況に問題意識を持つようになった。

その後、一念発起し企業を退社、施設職員になるために保育士の専門学校に入学する。そこで、施設への就職に興味を抱きながらもうまくマッチングできないクラスメイトたちの姿を目の当たりにし、「人と施設をつなぐ存在が必要だ」という思いで「チャイボラ」の活動を２０１７年から開始した。

「チャイボラ」は、児童養護施設の職員の十分な確保と定着をミッションとして掲げる。施設で働く人を増やす上では、インターネットサイト「チャボナビ」を運営。求人情報の掲載や、施設見学会などの開催もサポートを行い、施設で働くことに関心を持っている人と施設を繋ぐ取り組みを行っている。大学などでの出張授業も積極的に実施し、学生たちに向けた啓発活動にも力を入れている。

職員の確保に加えて「定着」という観点では、社会的養護施設で働く職員向けの相談窓口をインターネット上で運営している。元ベテラン児童養護施設職員が窓口にたち、弁護士や社労士、臨床心理士、現役施設長などと連携しながら、気軽に悩みを相談できる場を作り出している。

大山さんは「チャイボラ」の代表を務めるかたわら東京都内にある児童養護施設の非常勤職員としても勤務し、子どもたちに寄り添い、その日常の暮らしを支えている。「施設の現場を自分の肌で感じることで、職員の置かれている現状や求めているものを理解できる」と大山さんは語る。

では、本題の国の配置基準が見直されても施設側の人材確保が進まない背景には何があるのか。この問題の解決に取り組んできた大山さんは次のような事情があると指摘する。

「人手不足の解消にむけて、国は人員配置への予算規模は広げていますが、人手を確保するための広報費は予算に含まれていないんです。社会的養護施設の中にはまだホームページが無い施設もあるなど、求職者が情報を得にくいところがネックになっています。また、施設自体は知っているものの実際とは異なるネガティブなイメージが先行してしまい、応募しづらいというのもありますね」

大山さんは、施設の認知度の低さについては、より積極的な広報を通じてボトルネックを解消できると言う。そして施設の厳しい労働環境の改善が人手不足の解決に大きな影響を与え、好循環を生み出すことができるとみている。

そのことは職員の定着を促していくうえで避けては通れない根本的な課題である。労働環境が厳しいから人材が確保・定着できないのか、人材が確保・定着しないから労働環境が改善しないのか。これは児童養護施設にとどまらず、社会的養護に取り組む多くの現場が頭を悩ませてきた、まさに鶏が先か卵が先かという難しい論点でもある。

職員の勤務については施設によって多少の差はあるものの、基本的には早番、日勤、遅番、宿直でシフトが組まれている。勤務時間において、子どもたちの食事、洗濯、掃除、寝かしつけまで生活面のあらゆるケアを行う。そこに子どもたちへの支援内容を記す報告書や、職員会議、外部の機関との連携に関する事務作業などが加わる。ある施設関係者によると、定時で退勤できることはほとんどなく、夜勤の場合は宿直を含めると拘束時間が30時間になることもあるという。

ところが、こうした過酷な労働環境でありながら、どこからどこまでが勤務時間に含まれるのかの基準が明確ではない。つまりサービス残業が常態化している。

例えば子どもと一緒に遊んでいた時間を勤務時間に組み入れるのか否かといった点は、施設ごとの裁量によって判断が変わってくるという。そのため時間外賃金の支給など職員の待遇面で不満が生じることも少なくない。

また施設で生活を送っている、過去に受けた虐待によるトラウマなどで心に傷を抱えた子どもたちは、みずからが抱える感情をうまく表現できず、職員に対して暴言を吐いたり、時には暴力に発展してしまうこともある。

大山さんも以前、施設で勤務中に身の危険を感じたことがある。

「週2の非常勤で働いてもう5年目になるんですが、まだ正職員の気持ちは数パーセントくらいしかわからないとは思います。でも職員が燃え尽きる瞬間というのがわかった気がしました」

それまで感じたことのないような、やり場のない思いを抱いたと振り返る。

「会社員だったころは社内や外部の人との間で嫌なことがあったとしても、その人のことを否定する感情に罪悪感を覚えたことはありませんでした。その日はすごく怖い体験をしたんですが、その子を悪く思う自分が悪だと思ったんですよ。その子もこれまで言いようのない苦しみの中で生きてきて、私に暴言をぶつけたくてぶつけたわけじゃないんだっていうのはわかるんで。そのときの感情は今まで知らない感覚で、わけがわからなくなってしまいました」

無論、児童養護施設の職員は、親と離れて暮らさざるをえない子どもたちの複雑な心理状態について、また彼らとの適切な接し方などに関して就職前に専門知識を学んでいる。

しかしながら、目の前の子どもたちから直接怒りの矛先を向けられることで心を病んでしまう人も少なくない。こうした環境の中で、施設で暮らす子どもたちの人生を支えるという大きなやりがいはあれども、異業種への転職や、結婚・出産、心身のトラブルなどで離職するケースが目立つのが実態だ。

さらにこの傾向は新型コロナウイルスの影響が長期化する中で強まっているという見方もある。２０２０年春、感染拡大予防の観点から学校は休校になり、子どもたちが楽しみにしていた行事は中止、外出も制限された。また施設内に外部のボランティアは入れなくなった。さらに親との一時面会の機会も延期された。

その結果、施設内で精神的なストレスを溜め込み、暴言や暴力で吐き出すしかない不安定な状態になる子どもたちの対応に職員が追われるケースもみられる。そして職員同士が対面で集まる機会が減った影響から若手職員が一人で悩みを抱えがちになり、職員の休職や離職が相次いだ施設もあるという。

そこで大山さんの「チャイボラ」では２０２１年１月、全国で初めてとなる社会的養護施設職員向けの相談窓口を開設した。相談は無料。相談する職員は身元を明かさずに匿名で悩みを投稿できる。元ベテラン児童養護施設職員が窓口にたち、弁護士や臨床心理士、社労士などと連携をとりながら、都度協議を行い悩みに応えている。

開設から7か月で40件の相談が寄せられている。多くは施設での職員間の連携に関する悩みだという。施設の職員として日々子どもたちに接する経験もふまえながら、相談窓口の開設に至った理由をこう話す。

「私自身も施設で宿直中に涙が止まらなくなった経験があります。それは次第にメンタルに悪影響を及ぼします。親と離れて暮らさざるをえない子どもたちを支える立場にある者として、悩みを抱えながら支援にあたるのは子どもとの関わりに影響が出やすくなる。ですので、そういう悩みを早くから吐き出せる場所を作りたいと思いました」

「チャイボラ」では、この施設職員向けの相談窓口に加えて、今後も児童養護施設の認知度向上にむけた大学や専門学校などへの出張授業といった取り組みにも力を入れ、職員の「確保」と「定着」を着実に下支えしていく構えだ。大山さんは施設の担い手をめぐるこれらの課題を解決していくことこそが、子どもたちにとってより良い養育環境を創出することに結びつくと考えている。加えて、それはアフターケアの充実にとっても欠かすことのできない基盤となることは言うまでもない。

「職員が頻繁に辞めるというのは、子どもから見れば退所までに親が何人も変わるということになってしまいます。また退所した子からは『いつでも施設を頼っていいからね、気軽に帰ってきていいからねって言うけど、職員が忙しい様子を見てたから、気軽になんて帰りづらい』という声も耳にします。その子からすると施設は実家ですけど、実家に帰るのに親に気を遣う感じですよね。職員がたくさんいれば、施設にいる子のケアとアフターケアも両立しやすくなります。職員の確保と定着は子どもの未来に直結していると思うので、これからも徹底してこの課題に向き合っていきます」

「社会的養護」の枠外にいる子どもたち

これまで、社会的養護の今後の課題、子どもたちの自立を支えていくために何が必要なのかをみてきた。ただ、忘れてはいけないのが、社会的養護を必要としながらも、家庭に戻された子どもたちが多くいるという現実である。

虐待などを理由に一時保護された子どもたちは年間3万264件（2019年度中に一時保護が解除された件数。施設等への委託含む）。同じ2019年度中に虐待などを理由に児童養護施設などに入所したり、里親家庭に委託されたりした件数は5029件。便宜上単純に比較してみると、およそ8割の子どもたちは一時保護されたあと家庭に戻されるという計算になる。必要に応じて児童相談所や市町村が支援を続けることとなっているが、中にはそこで支援が途切れてしまう子どもたちも少なくないのだ。

例えば東京都内に住む彩乃さん（20代・仮名）。彩乃さんは、両親から日常的に暴力を受けていて、中学生になったころから児童相談所に繰り返し相談をしていたが、なかなか保護してもらうことはできず、それどころか職員から「あなたが悪い」と言わんばかりに責められることもあった。家から離れたい一心で、一時保護について職員にたずねても、詳しいことは教えてもらうことができず、児童相談所は徐々に相談したくない場所になっていったという。

「父が暴力をふるうタイプで、母も私がいれば自分に矛先が向かないので従っているという感じでした。児童相談所の職員に体の傷を見せても、『あなたが言うことを聞かないからそうなるんだよ』と言われてしまい、一時保護されたら学校はどうなるのか聞いても、教えてくれませんでした。家から逃げ出したかったけど、どうなるのかわからないということもあり、自分から一時保護してほしいとは言えませんでした」

高校に入学してすぐ、友人のすすめで警察署を訪れて、父親に暴力をふるわれて太ももにできていたあざを見せて相談したところ、対応した警察官から「これは成人男性の殺意によってできるあざだ」と説明され、そのまま急遽一時保護されることになった。

これで暴力におびえないで安心して生活できるかもしれないと期待したのもつかの間、待ち受けていたのは一時保護所の厳しい現実だった。私語は厳禁、誰かに自分の話を聞いてもらうことはできず、それればかりか、下着のたたみ方など何かにつけて大声で注意され、入浴できるのも3日に1回。高校に入学したばかりだというのに、携帯はとりあげられてしまって学校にも友人にも連絡をさせてもらえず、無断欠席になってしまった。いつまでこの状態が続くのか、全く説明もなく、「まるで刑務所のようだ」と不安になった。これなら暴力をふるわれても家の方がましなのではないかと感じるようになり、1週間ほどで「お願いだから家に帰らせてください」と話して、家に戻る選択をした。

家に戻ってからは、「死なない程度の虐待」が続き、落ち着いて勉強したり進路のことを考えたりする余裕はなかった。希望していた大学があっても、親には金銭的な援助は期待できなかった。すがるような思いで奨学金の制度についても調べたが、親の収入が上限を超えていたり、親が申し込むことが前提となったりしているものしか見つけることはできず、探す気力すら失った。誰にも相談できず、児童相談所に電話をかけても、最後には「おうちの人と相談してね」で終わってしまい、何の解決にもつながらなかった。18歳を過ぎると、年齢を理由に「うちではもう対応できない」と話すら聞いてもらえなくなった。

希望の大学への進学は諦めるしかなく、高校卒業とともに逃げるように家を出た。家を出て転がり込んだ先は、インターネットで出会った年上男性の家。家でなければどこでもよかった。しかし、今度は性暴力を受けることになり、19歳のころには妊娠が発覚した。誰にも頼ることができず、中絶を選択したが、その心の傷は今でも深く残っているという。

「どうやったら家を出て、大学に行けるのかを知りたかっただけでした。でも、児童相談所も、『虐待』とか『相談』とかで検索したら出てきた団体も、その方法は教えてくれなかった。今まで誰も助けてくれなかったから妊娠がわかったときも、また怒られるかもしれない、否定されるかもしれないというのが怖くて、相談することすらできませんでした」

虐待から一時保護されたとしても、施設に入ったり、里親家庭に預けられたりしなかった、彩乃さんのような子どもたちは大勢いる。その子どもたちは、家庭の中で苦しい経験を重ねていても、自立に向けてサポートしてくれるところはほとんどない。家庭が頼れる場所ではないという状況は同じでも、施設や里親家庭で暮らすかどうかで、その後のサポートには大きな格差があるのが現状なのだ。

「私の場合、家庭で大変な思いをしていたので自立どころではありませんでした。家庭に戻ったあとも、希望の進路に向けて子どもが家庭からサポートを受けられているか確認し、それが十分でなければ、何らかの社会的サポートを受けられるような自立支援をしてほしかった」

児童相談所や市町村では、一時保護をしていた子どもを家庭に戻したあとも、親子の再統合や子どもが安心して過ごせる環境を整えるため、面接や家庭訪問などを通じて必要に応じた支援を継続することにしている。しかし、児童相談所は、市町村は、子どもたちが本当に困ったときに安心して助けを求められる場所になっているのだろうか。

取材を通じて多く耳にしたのは、一時保護所で怖い経験や辛い経験を重ねたり、勇気を出して助けを求めてもそれを受け止めてもらえなかったりした子どもたちの声だった。家庭で傷ついた上に、保護された先でもさらに傷つく経験をすることで、子どもたちは大人への不信感を一層強くし、孤独を深めていくという悪循環に陥っていく。厚生労働省も、一時保護所や施設で子どもへの権利侵害とも言える事例が相次いで起きていること、そして、保護された子どもが家庭に戻ったあとの支援が必ずしも十分でないという実態を重く見て、一時保護所の環境改善や「子どもの意見表明権」を保障するための制度の見直しや拡充を検討している。また、2022年度からは、家庭に居場所のない子どもに居場所を提供したり、保護者への指導やカウンセリングをしたりするモデル事業にも着手するとしている。

今この瞬間も、一時保護された子ども、家庭に戻った子どもたちの数はどんどん増えている。本来支援を必要としている子どもたちが、社会の闇に紛れ、セーフティネットからこぼれ落ちてしまうことがないよう、保護された子どもや家庭への継続的なサポート体制を整えることは、喫緊の課題となっている。

保護されなかった子どもたちの存在

また、気がかりなのは、一時保護にも至らなかった子どもたちの存在だ。児童相談所の対応件数は19万3780件（2019年度）。3万264件あまりが一時保護されているが、こちらも便宜上、単純に比較すると、虐待の可能性があるとして児童相談所が対応したとしても8割以上の子どもは、一時保護にすら至らないという計算になる。中には虐待が確認されなかったケースもあるとは言え、外から見えにくい虐待や不適切な養育が子どもたちの心に影を落とし、それが生きづらさとなって、おとなになってからも生活でさまざまな困難を抱えていることが少なくないと感じている。

特にそれを強く感じたのは、ＳＮＳでしか自分の気持ちを吐き出すことができず、見知らぬ人との出会いを繰り返す若者の取材をしていたときだった。

ある20代の女性は、10代なかばのころ、仕事がうまくいかなくなったことで父親が酒浸りとなって家族に暴力をふるうようになり、徐々に家庭に居心地の悪さを感じるようになった。18歳で高校を卒業したあと大学には進まず、19歳のときに家を出たが、行き先に困った女性が見つけたのは、住み込みで働くことのできる風俗の仕事だった。しばらく風俗の仕事をしたあと、介護の仕事を始めて一人暮らしをするようになったが、家で一人で過ごす孤独感に耐えられず、ＳＮＳや出会い系アプリで見知らぬ異性と出会い、関係を持ち、時にはお金をもらう、ということを繰り返すようになったという。取材した当時は、出会い系アプリで出会った素性のわからない男性から、一緒に住まないかと誘われ、居候を始めたころだった。

「何をしている人かは知らないけど、月に2～3回くらい帰ってきて、一緒にご飯たべたり、関係を持ったりしています。それが条件だから。怖いっていう気持ちはないですね。むしろ家賃を払わなくていいのでラッキーくらいの感覚です」

当時、SNSで知り合った相手に殺害されてしまうなど、事件に巻き込まれるケースが相次いで起きていた。行き場がなく困っているところにつけこむような形で家に誘われたとき、怖くなかったかたずねると、こんな答えが返ってきた。

「悪い癖なんですけど、嫌なこととかあるとすぐに死にたいって思っちゃうんですよ。でも実際は死ねないし、自殺とかするといろいろ親に迷惑もかかっちゃうじゃないですか。だけどそこで誰かに殺されてしまえば、迷惑かかんないのかなって気はする。別に、生きてていいことないし、まあ楽っちゃ楽じゃないですか、死んだ方が、って思っちゃう。だから事件に巻き込まれたとしても別にいいかなって感じ」

女性は、家族との関係の中で自分の価値を見失っていったという。

「家族との関係もぐちゃぐちゃだし、今はお兄ちゃんが私にお金をねだってくるんですよ。なんか結局お金なのかなって、私自身じゃなくて、私のお金が目的なのかなって。

結局お金があればみんな寄ってくるんですよね」

別の20代の女性もまた、家庭で居場所を失い、自立に向けて家族のサポートが受けられない中で、不安定な生活を続けていた。女性は母子家庭で育ち、年の離れた兄はいたものの、高圧的で、異父兄妹だったためか、打ち解けることができなかったという。母親は恋人ができると家を出て長期間帰ってこないこともあり、そういうときは働いている兄に頼って過ごさなければならなかった。しかし、それに耐えきれず、中学生のころから家出を繰り返し、道ばたで声をかけてくる人の家についていって、たびたび援助交際をするようになった。

「学校も行けていなかったので、あんまり友達もいなかったし、誰かに頼るということがわからなくて。家に帰れば学校行けとか、いろいろ言われるし、帰りたくなくて。駅のほうに声をかけてくれるおじさんがいっぱいいる通りみたいなのがあって、そこにいると大体声をかけてもらえて、幾らだよとか、ご飯だけでもどう？　とか、飲み物飲む？　とか言われてついていって、みたいな感じです。ホテルに行けばお風呂も入れて、ご飯も食べさせてもらえて、それでもらったお金で温泉に行けば、しばらくは家に帰らなくても大丈夫でした」

高校生になってからはアルバイトも始めたが、今度はSNSを使って援助交際をするようになり、家にはほとんど帰らないときもあったという。

「友達の家だと、親とかみんな家族を知っているので、連絡が来ると面倒くさいと思って、男の人の家にいるほうが全然多かったです。気も使わなくていいし、別にいつ捨てられてもいいしみたいな。ただ今の居場所だけあればいいみたいな感じだったので。SNSで『地名』と『暇』というワードで検索して、そうすると結構出てくるんで、そこからメッセージ送ってました。無理矢理されたり、逆にお金取られちゃったりしたこともあって、そのときは後悔するんですけれども、なんかそれよりも自分の気持ちがつらいとか、もうどうにでもなれというのがまた勝っちゃって、またやっちゃってとかの繰り返しで」

女性には看護師になりたいという夢があったが、母親が学費を工面してくれることはなく、逆に借金返済のためにお金をせびられるようになったため、高校を卒業してからは風俗の仕事をしながら学校に通うという生活を始めた。そのころは一人暮らしをするお金もなく、車上生活をしていたのだという。ただ、そんな状況を周囲に悟られないよう、つとめて明るくふるまっていた。自分の本当の気持ちはＳＮＳだけでつぶやき、そこで優しいことばをかけてくれる異性との出会いを繰り返していた。

「友達には一切本当のことは言わなかったです。親に男ができていなくなったとか、お金がないなんて言えないし、悩んでいることも言えなかった。そういうのが積もってすごい死にたい時期とかあったんですけど、言えないんですよね。引かれる、嫌われると思ったんです。だから、友達の前で普通の子を演じていた。みんながブランドのリップとか持っていたんですけど、頑張ってそれを買って、『私も買ったよ』みたいな、みんなと同じというのを必死に演じていました。だから、全く知らない人のほうが話せることは多くて。全く知らないからこそ居場所があったというか、居心地が良かったというか。だから全く知らない人を求めていたんだと思います」

取材した若者の中には、暴力、ネグレクト、経済的困窮、家族の病気など、安心して過ごすことのできない養育環境のもとで育ったという人たちが少なからずいた。また、目に見える虐待ではなくても、「親が不仲で家に帰っても会話がない」「勉強をおしつけられる」といった理由から、家にいづらいと感じるようになり、ＳＮＳに居場所を求める人もいた。生きづらさを感じ、身近な人にそれを打ち明けることはできず、見知らぬ人に共感を求め、一時的に自分の存在が認められたと安心することはできても、そこで再び裏切られ、傷つけられることで、さらに傷が深くなっていく。家庭内の問題は見えにくく、虐待と認定されなければ児童相談所が介入することは難しい。虐待が周囲に発覚したとき、子どもが小さければ命を守るためにも児童相談所が保護するかもしれないが、子どもが中学生、高校生であればすぐに命の危機があるわけではないと積極的に介入しなかったり、子どもたち自身も自由が制限されることを危惧して保護を求めなかったりすることもある。しかし、そのときは自覚していなくても、心の傷が癒やされず、おとなになっても「自分は自分でいい」「生きていていい」という感覚をもてず、生きづらさを抱えて不安定な生活を余儀なくされているケースがある。社会的養護下にある子どもたちはもちろんだが、保護されなかった子どもたちの中にも、生きていくために、自立するために、家庭から適切なサポートが受けられない子どもたちは潜在的には多くいるだろう。そうした子どもたちのために、学校、地域、社会が何をできるのか、改めて考えていく必要があるはずだ。

あとがき

事件が起きてから2年あまりが経った。

大森さんの家族、同級生、仕事仲間、かつての子どもたち……。この2年間、私たちはあらゆる関係者のもとを訪ねては何度もお話を伺わせてもらってきた。

大森さんのこと、事件のことを思い出すことは時に大きな負担になったかもしれない。

それでも、「大森さんの生きた証を伝えたい」「大森さんの犠牲を無駄にしてはいけない」「大森さんの意思を受け継いでいきたい」、そんな思いから私たちの問いかけに真摯に向き合ってくれたことには感謝してもしきれないし、一人ひとりの強い思いに背中を押され、時に引っ張られるようにして私たちはここまで取材を続けることができたと思っている。

一方で、大森さんの施設に暮らす子どもや、そこで働いていた人たちのことを思うと、言葉がなかなか見つからない。事件を報じること自体が、彼らの日常を脅かし、心理的な負担になってしまうのではないかという懸念が常にあった。

それでもなお、大森さんの信念や、大森さんの行く末を阻んだ壁を伝えることで、二度と大森さんのような犠牲者や、Aのような加害者を出さないように、そして、社会的養護のあり方が少しでもいい方向に向かうように……そんな思いで歩んできた2年だった。

児童養護施設という場に足を踏み入れたことがある人はどれくらいいるだろう。私は今回の取材で初めてその中に入り、子どもたちの生活を目の当たりにした。逆に言うと、今まで生きてきた中では、児童養護施設という存在は遠く、実態のわからない存在だった。

虐待で子どもが命を落とす事件が起きると、瞬間的に児童相談所や市町村の対応に注目が集まり、時に過度なバッシングの対象となることがある。何か問題点を指摘してマルをつけたがる、私たちメディアの悪い特性でもある。その陰で、虐待を受けて育った子どもたちがどうやって大人になっていくのか、それをサポートしている人たちがどのような思いでいるのかは、なかなか光があたってこなかったのではないかと感じている。

私自身の人生を振り返ったとき、自分を認めてくれる人、自分の幸せを願ってくれる人の存在があったからこそ、ここまで歩いてこられたように思う。私は祖母と両親、兄に囲まれて育ったが、幼いころは家族に喜んでほしくて、勉強や習い事に精を出していた。中学を過ぎるとそれが反抗心へと変わっていって早く一人暮らしをしたいと願い、一人で生きてきたような顔をして大学進学を機に家を出たが、目に見えないところで、「私は私でいい」という自己肯定感を、家族の愛から学び取っていたように思う。「あなたが幸せでいてくれればそれでいい」と願ってくれる人の存在があることで、無意識のうちに「ここにいていい」という安心感があった。

成長の過程で自分の存在価値について考えをめぐらせることは誰にでもあるだろう。しかし、虐待を受けた子どもたち、家庭が安心できる環境ではなかった子どもたちは、大人になってからも人一倍、悩み、苦しんでいる。施設の職員だけでなく、友人や地域の人との出会いの中で、居場所を見つけることができれば、愛されていることを実感できれば、前を向いて歩いて行くことができるかもしれない。でもそれができずに「つらい」「消えたい」「死にたい」という気持ちを抱えながら、どんどん精神的に追い詰められてしまうケースがあることも事実だ。

大森さんの親友の日永さんは、大森さんが人生をかけて訴えたことをこう表現した。

「誰もが目を向けなくなってきている社会の本当に弱い部分に対して、彼（大森）はもっと目を向けろということを、襟首つかんでこっちに向けようとしているわけですよ」。

どんな境遇に生まれ、育ったとしても、子どもたちの尊厳を守るために、生きる希望を見失わないために、今、社会に何が求められているのだろう。

本書が、児童養護施設だけでなく、地域で、学校で、企業で、何ができるのか、大森さんが私たちに残した宿題に、一人ひとりが向き合うきっかけになってほしいと、心から願っている。

間野まりえ

取材を始めて2年が過ぎた。この間、私の脳裏から離れなかったある記憶がある。それは中学生のとき、児童養護施設から通学していた同級生のことだ。ほぼ全員が高校に進学する中、彼はクラスでひとり就職という道を選んだ。中学卒業から5年、再会したのは地元で行われた成人式だった。「あれから転職を繰り返してるんだ」と心なしか寂しそうに語っていた彼とは、それ以来、連絡がとれない。あのとき、彼が歩んできた道のりや置かれた境遇を少しでも知っていれば、何らかの力になれたのではないか、声のかけ方の一つをとっても何か違ったのではないか。その思いは事件の周辺を取材し、その深層に横たわる社会的養護をめぐる現状や課題について報道する原動力の一つとなった。

取材を進めていくと原則18歳での退所という制度のもと、施設の子どもたちの社会での自立は大森さんのような志のある施設職員や、支援団体の人たちの善意で支えられている部分が多い現実を突きつけられた。子どもたちを取り巻く状況に対し、制度や予算等の面で政治はどう考えているのだろうか。厚生労働行政に詳しいベテラン国会議員に取材すると、すべての世代がともに生きやすい社会にむけた政策の立案・実行は急務だとした上で、「人生100年時代、超高齢社会への対応が喫緊の課題であり予算も限られているのが実情だ」という反応だった。

施設職員や支援にあたる人たちへの取材。私の中で特に印象に残ったのは、「命を奪う行為は断じて許されないが、Aのことはどうしても憎めない」と皆が異口同音に語った言葉である。さまざまな制度の狭間で起こった大森さんの事件の理不尽さを象徴するこの言葉。その意味を問い続けることは、「子どもの未来」を第一に考えていた彼の理想に近づく一歩になるだろう。そして、人が生きていく上で、〝家族〟や〝親子〟というつながりがいかに大切でかけがえのないものか。大森さんは今を生きる私たちに伝えている。

本書を上梓するにあたり、番組「事件の涙」をご覧いただき、大森さんの事件と、児童養護施設の子どもたちを取り巻く構造的な課題にいち早く関心を寄せ、執筆にあたって私たちを的確に導いてくださった中央公論新社の中西恵子氏に深く感謝したい。

また当初より現場の私たちの問題意識に共感し、叱咤激励しながら取材の方向性を指し示してくださったNHK報道局政経・国際番組部の岩崎努チーフ・プロデューサー、社会部（当時）の吉川香映デスク、番組構成面で助言をくださった社会番組部の高倉基也チーフ・プロデューサーにも感謝したい。そして丹念に映像を紡いでくださった小柳一洋カメラマン、音声照明の谷津肇さん、菅野輝久編集マンをはじめとしたチームの存在なくして、このテーマを世に問うことはできなかった。

さらに決して労を厭うことなく私どもの取材に協力してくださった数多くの関係者の方々に改めてこの場を借りて御礼を申し上げたい。

この瞬間も現場で子どもたちの人生を支える施設職員の方々。今後この世界に飛び込もうと考えている人たち。志半ばで倒れた大森信也さんと、今なお心の空白が埋まらない中でも毎日を気丈に暮らすご家族の皆様に本書を捧げる。

「この世が、実直に生きている人が報われる社会であってほしい」、大森さんの願いを胸に、今後もさまざまな社会課題に真正面から向き合い取材にあたっていきたい。

2021年9月

大藪謙介
間野まりえ

NHK 総合テレビ

事件の涙

「未来を見せたかった

〜児童養護施設長殺害事件〜」

2020年 4 月 6 日（月）　午後10時45分〜11時15分

語り	木村文乃
声の出演	服巻浩司
撮影	小柳一洋
照明	谷津　肇
音響効果	栃木康幸
音声	中田壮広
編集	菅野輝久
映像技術	前田惇徳
取材	間野まりえ
ディレクター	大藪謙介
制作統括	岩崎　努
	吉川香映

参考資料

【第2章】
厚生労働省「社会的養育の推進に向けて」（2021年5月）
厚生労働省「一時保護の手続等に関する基礎資料集」
総務省「我が国のこどもの数（「人口推計から」）」（2021年5月）
厚生労働省「新しい社会的養育ビジョン」（2017年8月）
厚生労働省「児童養護施設等の小規模化及び家庭的養護の推進のために」（2012年11月）
厚生労働省「社会的養護の課題と将来像」（2011年7月）
三菱UFJリサーチ&コンサルティング「乳幼児の里親委託推進等に関する調査研究報告書」（2020年度厚生労働省　先駆的ケア策定・検証調査事業）

【第4章】
厚生労働省「社会的養育の推進に向けて」（2021年5月）
厚生労働省「社会的養護の現状について」（2011年7月）
高橋亜美・藤原由美「児童養護施設等退所者のアフターケア支援の取り組み」（2010年度　一般研究助成最終報告書）

三菱UFJリサーチ&コンサルティング「児童養護施設等への入所措置や里親委託等が解除された者の実態把握に関する全国調査」(2020年度厚生労働省　子ども・子育て支援推進調査研究事業)
IFCAプロジェクトC「新型コロナの感染拡大によるあなたの生活への影響についての緊急調査」(2020年9月1日)

【第5章】

NPO法人ブリッジフォースマイル「自立支援白書2019」(2020年6月発行)

【第6章】

厚生労働省「社会的養育の推進に向けて」(2021年5月)
厚生労働省「新しい社会的養育ビジョン」(2017年8月)
厚生労働省「里親委託ガイドライン」(2018年3月)
伊藤嘉余子「里親家庭における養育実態と支援ニーズに関する調査研究事業」(2017年度厚生労働省　子ども・子育て支援推進調査研究事業)
日本財団「『里親』意向に関する意識・実態調査」(2018年)
厚生労働省「一時保護の手続等に関する基礎資料集」

ラクレとは…la clef=フランス語で「鍵」の意味です。
情報が氾濫するいま、時代を読み解き指針を示す
「知識の鍵」を提供します。

中公新書ラクレ
743

児《じ》童《どう》養《よう》護《ご》施《し》設《せつ》 施《し》設《せつ》長《ちょう》 殺《さつ》害《がい》事《じ》件《けん》

児《じ》童《どう》福《ふく》祉《し》制《せい》度《ど》の狭間《はざま》に落《お》ちた「子《こ》ども」たちの悲《ひ》鳴《めい》

2021年10月10日発行

著者……大薮謙介《おおやぶけんすけ》　間野《まの》まりえ

発行者……松田陽三
発行所……中央公論新社
〒100-8152 東京都千代田区大手町 1-7-1
電話……販売 03-5299-1730　編集 03-5299-1870
URL http://www.chuko.co.jp/

本文印刷……三晃印刷
カバー印刷……大熊整美堂
製本……小泉製本

©2021 NHK, Kensuke OYABU, Marie MANO
Published by CHUOKORON-SHINSHA, INC.
Printed in Japan　ISBN978-4-12-150743-3　C1236
定価はカバーに表示してあります。落丁本・乱丁本はお手数ですが小社
販売部宛にお送りください。送料小社負担にてお取り替えいたします。
本書の無断複製（コピー）は著作権法上での例外を除き禁じられています。
また、代行業者等に依頼してスキャンやデジタル化することは、
たとえ個人や家庭内の利用を目的とする場合でも著作権法違反です。

中公新書ラクレ　好評既刊

L653
教育激変
―2020年、大学入試と学習指導要領大改革のゆくえ
池上　彰＋佐藤　優 著

2020年度、教育現場には「新学習指導要領」が導入され、新たな「大学入学共通テスト」の実施が始まる。なぜいま教育は大改革を迫られるのか。文科省が目指す「主体的・対話的で深い学び」とはなにか。自ら教壇に立ち、教育問題を取材し続ける池上氏と、「主体的な学び」を体現する佐藤氏が、日本の教育の問題点と新たな教育改革の意味を解き明かす。巻末には大学入試センターの山本廣基理事長も登場。入試改革の真の狙いを語りつくした。

L658
ハーバードの日本人論
佐藤智恵 著

判官びいきは日本人の特徴か。日本人はなぜロボットを友達だと思うのか。なぜ細部にこだわるのか。本当に世襲が好きなのか。なぜものづくりと清掃を尊ぶのか。なぜ義理を重んじ、周りの目を気にするのか。なぜ長寿なのか。そもそも、日本人はどこから来たのか……。いまだに日本は世界の不思議だ。世界最高の学び舎、ハーバード大学の10人の教授のインタビューを通して、日本人も気づかなかった日本の魅力を再発見できる一冊。

L703
不登校、うつ状態、発達障害　思春期に心が折れた時　親がすべきこと
―コロナ禍でも「できる」解決のヒント
関谷秀子 著

うつ状態、摂食障害、発達障害……。心の悩みを抱えた思春期の子どもたちを病院に連れて行けば、すぐに病名が付き、薬も処方されます。けれど、どんな病名が付いたとしても、子どもの本当の悩みと向き合わずに問題が解決することはありません。思春期の子どもの心の悩みの背景には親子関係や両親の夫婦間関係の問題が隠れていることも多いのです。子どもが再び前向きに生きるために、親が家庭の中でできることがあるのです。